Histórias da
Bodoquena

Camilo Vannuchi

Histórias da Bodoquena

As aventuras pantaneiras de José Alberto de Camargo e Antonio Siviero

alameda

Grafia atualizada segundo o Acordo Ortográfico da Língua Portuguesa de 1990, que entrou em vigor no Brasil em 2009.

Edição: Haroldo Ceravolo Sereza e Joana Monteleone
Editora assistente: Danielly de Jesus Teles
Projeto gráfico e diagramação: Fabrício Igbó
Assistente acadêmica: Tamara Santos
Revisão: Alexandra Colontini
Imagem e diagramação da capa: Roberto Weigand

CIP-BRASIL. CATALOGAÇÃO-NA-FONTE
SINDICATO NACIONAL DOS EDITORES DE LIVROS, RJ

C222

Histórias de Bodoquena: As aventuras pantaneiras de José Alberto de Camargo e Antonio Siviero / Camilo Vannuchi. - 1. ed. - São Paulo: Alameda, 2020.
150 p. ; 16 x 23 cm.

Inclui bibliografia
ISBN 978-85-7939-656-4

1. Biografia. 2. José Alberto de Camargo. 3. Antonio Silveiro. 4. Bodoquena.

CDD: 320
CDU: 320

ALAMEDA CASA EDITORIAL
Rua 13 de Maio, 353 – Bela Vista
CEP 01327-000 – São Paulo, SP
Tel. (11) 3012-2403
www.alamedaeditorial.com.br

Sumário

um

Apresentação

Este livro nasceu de uma foto.

Fui almoçar com o empresário Luiz Eduardo Reis de Magalhães no início de 2019. Além de criar nelore no interior de São Paulo, uma tradição que herdou do pai e do avô, Luiz Eduardo participa intensamente de iniciativas de caráter social. Esteve à frente, como presidente, diretor ou conselheiro, de diversas organizações da sociedade civil, como a AACD, de apoio a crianças com deficiência, o Instituto Braudel e o Instituto Mara Gabrilli. Também integrou o Conselho de Administração do Estado de São Paulo.

Durante nosso encontro, Luiz Eduardo contou de seu projeto mais recente: o engajamento numa entidade que a cada ano envia trinta ou quarenta jovens brasileiros para estudar no exterior, com bolsa, normalmente em algum curso relacionado a administração. Me dispus a ajudar a buscar padrinhos que pudessem assumir os custos de um ou mais jovens e voltei a encontrá-lo duas ou três vezes nos meses seguintes.

Num desses almoços, comentei com ele que, entre 1967 e 1980, tive uma convivência muito agradável com seu pai, Paulo Reis de Magalhães, um sujeito extraordinário. Além de atuar em empreendimentos imobiliários e nas fazendas da família, Paulo participou de conselhos ou diretorias de diversas empresas estrangeiras, como a Rhodia, a Pirelli e a Philips. O que pouca gente sabe é que, nos anos 1960 e 1970, Paulo Reis de Magalhães foi o representante no Brasil do megainvestidor americano David Rockefeller.

Durante quatorze anos, entre 1967 e 1980, convivi com Paulo Reis de Magalhães em razão da Fazenda Bodoquena, empreendimento agropecuário no Mato Grosso do Sul em que fui diretor e que tinha como sócios o embaixador Walther Moreira Salles, principal acionista do Unibanco, e David Rockefeller. A fazenda foi vendida em 1980. Desde então, apenas ocasionalmente voltei a encontrar o pai de Luiz Eduardo, de quem guardo ótimas lembranças, falecido em 1996.

— Você tem fotos daquela época? — Luiz Eduardo me perguntou.

— Da Bodoquena? Infelizmente, não.

Nunca guardei papel. Da Fazenda Bodoquena, não tenho foto, documento, certidão, relatório, absolutamente nada. Quando a fazenda foi vendida, entreguei tudo para os novos proprietários.

— Vou te mandar uma foto — ele disse.

Pegou o celular e me enviou esta imagem por WhatsApp:

Camargo e Siviero, com os sócios Walther Moreira Salles, David Rockefeller e Bob Anderson e outros colaboradores da Bodoquena, na foto que deu origem ao livro.
Acervo pessoal / José Laberto de Camargo

Esta fotografia é uma preciosidade. Foi feita na Bodoquena em 1973 ou 1974. Estamos todos aí. Os três sócios principais na única ocasião em que estiveram juntos na fazenda: Walther Moreira Salles, de óculos escuros, David Rockefeller, de camisa xadrez, e Bob Anderson, trajando as infalíveis botas e cinturão de cowboy. Peggy, a esposa de David, ajusta sua câmera para também imortalizar o momento. À esquerda, de braços cruzados, Fernando Moreira Salles, o primogênito, com prováveis vinte e oito anos.

Paulo Reis de Magalhães é o senhor de bigodinho ralo e cabelos grisalhos à frente do Dr. Walther. Ao lado dele, de mangas curtas e cabelos loiros, André Muller Carioba. Ao fundo, ambos de camisa preta, estamos eu e o Siviero, gerente financeiro da Bodoquena. O grandão é o Ben Burkholder, consultor ligado à empresa de agropecuária Diamond A Cattle Company, do Bob Anderson, e, ao lado dele, com os primeiros botões da camisa abertos à altura do peito, Rodolfo Grossmann, que nessa época era o segundo homem na condução da fazenda, abaixo do Alexandre Machado Ferreira, o superintendente que, provavelmente, foi quem tirou a foto. Na extrema direita, com papéis nas mãos, o Ari Macedo, representando o Bob Anderson na diretoria. Dos outros dois eu não lembro os nomes.

Decidi contar a história e as histórias da Bodoquena, um trabalho intenso de resgate baseado sobretudo na memória, minha e de poucos colegas daquela época. Convidei o Siviero para me acompanhar neste projeto e me ajudar a reunir nossas aventuras pantaneiras, ciente de que as memórias dele, beneficiadas pelos dez anos a menos, contribuiriam sobremaneira para o sucesso dessa empreitada. Por fim, chamei o jornalista e biógrafo Camilo Vannuchi, com quem já tive a oportunidade de escrever outros três livros, para nos entrevistar, buscar mais informações e produzir o texto final.

Nessa empreitada, recebemos contribuições valiosas de outros dois colaboradores da fazenda, o José Maria Brito, que chefiou o escritório central da Bodoquena, na seção Guaicurus, nos anos 1970, e o auditor Artêmio Bertholini, que por muito tempo aferiu as contas e os números da Bodoquena pela Arthur Andersen. Agradecemos imensamente aos dois. E também ao Instituto Moreira Salles, em especial à equipe responsável pelo acervo pessoal do Dr. Walther, que nos municiou com cartas e documentos de inestimável valor histórico e afetivo.

Pronto. É hora de calçar as botinas e tocar pro Mato Grosso do Sul. Você pode ir de trem, pela Noroeste do Brasil, ou tomar um avião da Vasp, até Campo Grande. Fique atento. O velho oeste é ali. E é preciso ter pele grossa.

José Alberto de Camargo

dois

Um convite inesperado

Foi um tal de desenrolar cabos, instalar antenas e ajustar botões naquele dia... José Alberto tinha dezoito anos e observava o movimento dos técnicos com interesse. Eram dois. Haviam chegado cedo, carregando pesadas caixas de papelão. Uma, duas, três caixas. Às nove da manhã, já haviam tirado tudo das caixas e punham-se a conectar os cabos e distribuir os módulos. Agora, com o almoço já atrasado, sobravam indícios de que estavam prestes a encerrar a instalação.

O equipamento parecia um armário. Enorme, cobria uma parede inteira do quarto transformado em escritório, no qual José Alberto costumava estudar e fazer as tarefas do cursinho. O pai não tinha sido totalmente sincero sobre o tamanho daquela parafernália quando contou ao filho e à esposa sobre a novidade. Talvez não soubesse direito.

José Alberto nunca tinha visto aquilo. Por isso observava da porta, sem desgrudar o olho. Em processo de preparação para o vestibular de Economia, o rapaz passaria a dividir o espaço com aquele trambolho e estava curioso para ver tudo funcionando.

Dobra daqui, encaixa de lá, os técnicos começaram a testar o aparelho. Válvulas, receptores de frequência, transmissores. Giravam os controles, deslizavam botões. Primeiro, um ruído. Depois, estática. De repente, uma voz masculina emanou da caixa de som. Ao longe, o homem que parecia supervisionar os técnicos instruía as últimas coordenadas. Finalmente, um dos rapazes anunciou:

— Pronto, Seu Agenor, sua estação de rádio está operando.

Agenor, o pai de José Alberto, foi convidado a assumir os controles. Recebeu, também, um pequeno calhamaço com as orientações técnicas. O que fazer, como falar, quando acionar cada botão. Agenor havia feito um curso básico de radioamadorismo, mas cada nova dica parecia extremamente valiosa.

Não fazia nem trinta anos que o sistema de comunicação por rádio frequência, também conhecido como telegrafia sem fio, fora regulamentado pelo Governo Federal, em novembro de 1924. Embora a tecnologia fosse conhecida nos Estados Unidos desde a virada do século (em 1909 havia oitenta e nove estações de rádio amador naquele país) e tivesse chegado ao Brasil na década de 1910, de forma experimental, somente nos anos 1930 algumas poucas empresas começaram a incorporar a nova tecnologia. Ainda levariam outros vinte anos para que a comunicação por rádio amador se expandisse pelos rincões do Brasil e pudesse ser aproveitada em empreendimentos agrícolas ou pecuários distantes das grandes cidades, aonde a rudimentar telefonia da época não chegava.

Interurbanos a partir de São Paulo? Só para o Rio de Janeiro e cidades grandes, como Santos e Campinas. Mesmo assim, as ligações só eram completadas com o auxílio de uma telefonista – e após três ou quatro horas de espera.

Agora, em 1953, aquela novidade chegava à casa de Agenor de Camargo Filho. Para ele, era menos uma extravagância do que uma obrigação. O trabalho exigia.

Diretor do Banco Moreira Salles, precursor do Unibanco, com sede na Rua XV de Novembro, Agenor havia acumulado dois anos antes a vice-presidência da Fazenda Bodoquena, um empreendimento pecuário adquirido por Walther Moreira Salles e sócios em 1950, no Mato Grosso, futuro Mato Grosso do Sul. A propriedade ficava à beira do Pantanal, nos municípios de Miranda e Corumbá, quase na fronteira com o Paraguai. Até recentemente, para falar com a fazenda, só mesmo por carta ou pegando o avião.

Oficialmente, a diretoria do empreendimento foi constituída apenas no final de 1954, quando Agenor assumiu o cargo de vice-presidente. Extraoficialmente, supervisionar as atividades de Maurício Verdier, superintendente da fazenda e único membro da diretoria a residir no local, já era atribuição de Agenor naquele início de 1953. Por isso, Walther Moreira Salles, acionista majoritário do banco e da Bodoquena, dera ordens para instalar aquele trambolho em sua casa. Assim, Agenor poderia entrar em contato com a fazenda diariamente e trocar algumas palavras com Maurício logo cedo, antes de seguir para o banco.

Das nove da manhã às seis da tarde, o pai de José Alberto cumpria expediente na agência, no centro da cidade. Isso quando não estava em viagem. Agenor também era responsável por abrir novas agências do Banco Moreira Salles no Norte do Paraná e no Oeste Paulista. Viajava com frequência para representar a diretoria do banco nas inaugurações. O discurso era essencialmente o mesmo, só precisava alterar os nomes das pessoas, sobretudo na hora de agradecer às presenças. Quase sempre, essas solenidades reuniam o gerente da agência, o juiz de Direito, o promotor de Justiça. Às vezes, o prefeito. O padre da cidade era indispensável para benzer a agência antes de cortar a faixa.

Agora, somava-se uma nova tarefa à lista de atribuições de Agenor: telefonar para a Bodoquena toda manhã.

— QRA Agenor — apresentava-se ao microfone — QAP Maurício?

José Alberto achava graça naqueles códigos. QRA, QAP, QAM, QRL... Ele queria mexer, fuçar, aprender a usar aquela parafernália. "Meu pai não me deixava chegar perto, embora eu já não fosse nenhum garoto", lembra. "Resultado: eu fazia escondido".

Quando o pai assumia os controles, José Alberto aguçava os ouvidos. No início, ouvia a conversa de modo proposital, por achar a tecnologia fascinante. Com o tempo, virou rotina. Agenor precisava falar alto para ser escutado no Mato Grosso. Mesmo com a porta do escritório fechada, era impossível não o ouvir discutindo com Maurício.

Da casa em que os Camargo moravam, um sobrado de esquina no número 149 da Rua Itapitangui, no Pacaembu – a quinze minutos de caminhada do moderno estádio de futebol Paulo Machado de Carvalho, inaugurado em 1940 –, José Alberto começou a conviver com os temas discutidos entre seu pai e o superintendente da fazenda. Falavam de rebanho, de invernada, de capim colonião, sobre mão de obra a ser contratada para a derrubada da mata ou sobre o custo de manutenção da cerca de arame liso. Um novo repertório de palavras e ideias trazia à imaginação de José Alberto uma paisagem pantaneira que o jovem estudante jamais havia visto de perto. No máximo, nas páginas da revista *O Cruzeiro*, suprassumo da reportagem nos anos 1950.

Passados doze anos, José Alberto já era um homem casado, pai de duas meninas, Mônica e Simone, e diretor financeiro da Carbocloro Indústrias Químicas S. A. – uma fábrica de cloro e soda-cáustica com planta industrial em Cubatão e escritório na Avenida Paulista – quando Walther Moreira Salles o chamou para uma conversa, em dezembro de 1965. Agora, aos trinta e um anos, quase todos o conheciam pelo sobrenome:

— Camargo, você sabe que seu pai vai se aposentar?

Constituída em 1960 e em operação desde 1964, a Carbocloro era controlada pela Brasil Warrant, holding do Grupo Moreira Salles, de modo que Walther era patrão dos dois, tanto do pai, diretor do banco e vice-presidente da Bodoquena, quanto do filho, diretor financeiro da Carbocloro. Desatou a falar sobre Seu Agenor.

— Seu pai diz que vai completar sessenta anos daqui a pouco mais de dois anos, em fevereiro de 1968, e está decidido a parar. Ele diz que está ficando velho e que os negócios precisam de sangue novo, de gente jovem, com disposição e novas ideias.

Camargo não havia conversado com o pai sobre isso. Escutava atentamente.

— Pois bem — Walther se aproximava do ápice da conversa —, temos dois anos para substitui-lo, o que implica encontrar e preparar o substituto. Tenho gostado muito do ritmo que você imprimiu aos trabalhos na Carbocloro. A precisão com os números, os relatórios financeiros mensais entregues até o quinto dia útil do mês seguinte... Quero que você assuma o lugar do seu pai na Bodoquena.

Camargo achou muita sorte não ter nada na boca naquele momento. Se tivesse, por certo engasgaria. Pensou imediatamente no pai, mais de uma década antes, grudado no rádio amador nas primeiras horas da manhã. Tentou se esquivar da retrospectiva-clichê, mas não teve jeito: um cineminha passou rapidamente por sua mente, trazendo à tona lembranças dispersas, mais ou menos concatenadas em ordem temporal: a primeira vez que ouviu falar em Bodoquena, o dia em que instalaram a estação de rádio que lhe roubaria parte do escritório, a rotina sempre exaustiva do pai, comentários que ele fazia em casa sobre a fazenda e seus funcionários.

Passou pela sua cabeça, também, a responsabilidade de substituir o pai, colaborador de longa data do Grupo Moreira Salles. Se o patrão lhe fizera aquele convite, foi porque Walther confiava plenamente em Seu Agenor, dedicado à Bodoquena havia mais de uma década. Por certo não fora outro o motivo pelo qual seu nome foi sugerido para a direção financeira da Carbocloro, em 1961. Walther era, ele mesmo, um continuador da obra de seu pai, João Moreira Salles, que substituíra em diversas empresas e conselhos. Havia, ali, a cultura da sucessão por parentesco, da transmissão de cargos de uma geração para a outra dentro da família.

Com a assertividade que lhe era característica, Walther evitou se alongar no assunto e decidiu, em poucos minutos, o futuro do mais novo integrante da diretoria da fazenda. Um detalhe: Camargo não deixaria a direção da Carbocloro. Da mesma forma que Agenor teve de aprender a conciliar a vice-presidência da Bodoquena com a direção do Banco e a tarefa de inaugurar as novas agências no interior, agora seu filho precisaria se virar para dar conta da dupla jornada: uma fábrica de

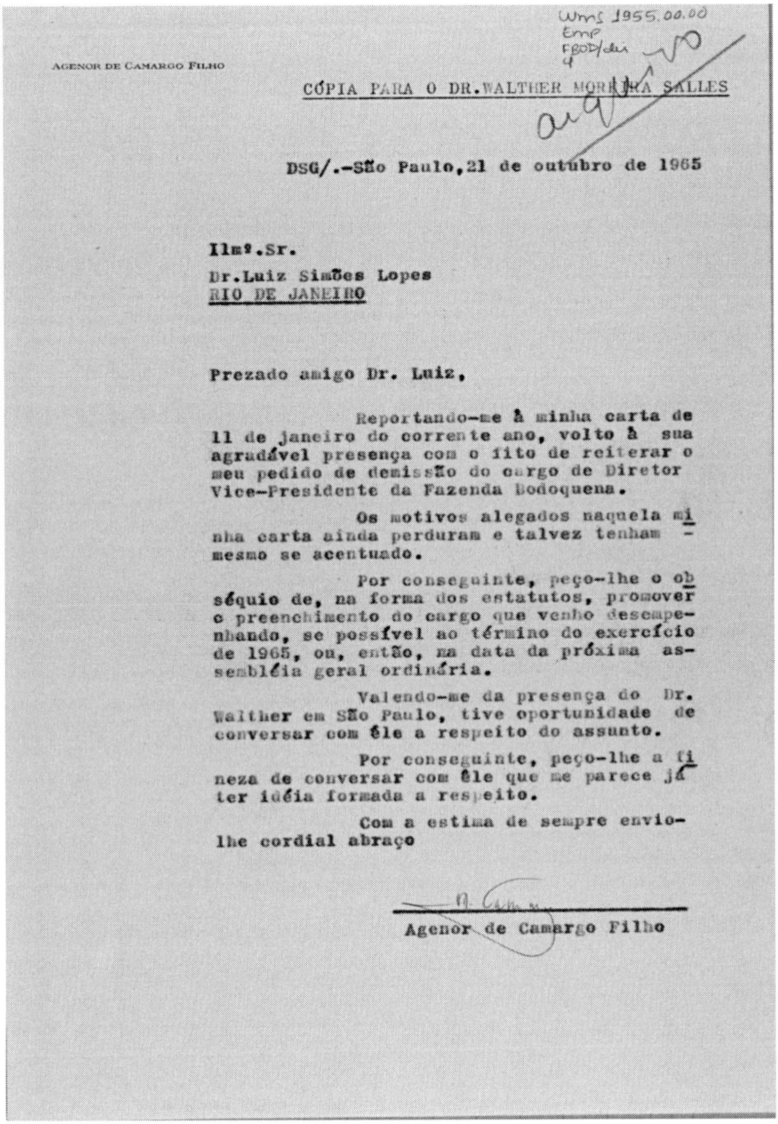
AGENOR DE CAMARGO FILHO

CÓPIA PARA O DR. WALTHER MOREIRA SALLES

DSG/.-São Paulo, 21 de outubro de 1965

Ilmº. Sr.
Dr. Luiz Simões Lopes
RIO DE JANEIRO

Prezado amigo Dr. Luiz,

Reportando-me à minha carta de 11 de janeiro do corrente ano, volto à sua agradável presença com o fito de reiterar o meu pedido de demissão do cargo de Diretor Vice-Presidente da Fazenda Bodoquena.

Os motivos alegados naquela minha carta ainda perduram e talvez tenham mesmo se acentuado.

Por conseguinte, peço-lhe o obséquio de, na forma dos estatutos, promover o preenchimento do cargo que venho desempenhando, se possível ao término do exercício de 1965, ou, então, na data da próxima assembléia geral ordinária.

Valendo-me da presença do Dr. Walther em São Paulo, tive oportunidade de conversar com êle a respeito do assunto.

Por conseguinte, peço-lhe a fineza de conversar com êle que me parece já ter idéia formada a respeito.

Com a estima de sempre envio-lhe cordial abraço

Agenor de Camargo Filho

Em carta de 21 de outubro de 1965 endereçada a Luiz Simões Lopes, presidente da Bodoquena, com cópia para Walther Moreira Salles, Seu Agenor pede demissão.
Acervo Instituto Moreira Salles

cloro e soda em Cubatão e um empreendimento agropecuário à beira do Pantanal.

Antes de aceitar o convite – uma resposta protocolar, uma vez que Walther não oferecia alternativa –, Camargo foi conversar com seu pai.

"Ele me alertou para tomar cuidado com Maurício Verdier, o superintendente da fazenda", Camargo recorda. "Primeiro, porque ele tinha um jeito excêntrico de administrar, um pouco rude no trato com os funcionários, e não gostava de contador nem de piloto de avião. Segundo, porque ele era acionista da fazenda e tinha sido padrinho do primeiro casamento do Dr. Walther. Achei prudente seguir à risca seu conselho".

Walter Moreira Salles em foto oficial para a embaixada brasileira em Washington. 1952
Acervo Instituto Moreira Salles

três

Walther Moreira Salles

Walther tinha vinte e sete anos quando foi aos Estados Unidos pela primeira vez, em 1939. Foi a trabalho, como diretor da Companhia Brasileira de Café, uma empresa exportadora fundada no ano anterior e presidida por seu pai, João Moreira Salles. Agora, a família atuava em todo o ciclo do café, da produção na fazenda Pinhalzinho, em Casa Branca (SP), até o comércio exterior.

Foi uma viagem e tanto. Cinco dias para ir do Rio de Janeiro a Miami e outros cinco para voltar. A travessia era feita de hidroavião, uma aeronave rápida e moderna, suprassumo da tecnologia nos anos 1930, que decolava e pousava na água, dispensando aeroportos. Ainda assim, as paradas para abastecer eram obrigatórias, e os pernoites eram feitos em solo. O pinga-pinga a partir do Rio começava em Vitória, no Espírito Santo. Em seguida, o hidroavião descia em Ilhéus, Salvador, Maceió, Alagoas, Recife, Mossoró, Fortaleza, Belém, as Guianas Francesa, Holandesa e Inglesa, Trinidad, República Dominicana, Haiti, Santiago de Cuba e, finalmente, Miami.

Walther passou ainda um sexto dia em trânsito para chegar a Nova York. De lá, foi a Chicago e desceu o vale do Rio Mississippi até Nova Orleans, visitando firmas importadoras e prospectando clientes. Voltou dos Estados Unidos com uma agenda cheia de novos contatos. E um negócio engatilhado, já no voo de ida, com um diretor da Caterpillar, líder mundial no mercado de tratores. Naquele mesmo ano, a Segunda Guerra Mundial adiaria as conversas, mas as negociações foram retomadas em seguida e resultaram na constituição da Sotreq, empresa do Grupo Moreira Salles responsável pela venda dos produtos da Caterpillar no Rio de Janeiro, em Minas Gerais e em Goiás.

Quem conta em detalhes a primeira viagem de Walther aos Estados Unidos é Roberto Pompeu de Toledo, nas páginas do livro *História do Unibanco*, publicado pelo Instituto Moreira Salles em 1994, fonte da maioria dos dados históricos reunidos neste capítulo. Muitas outras viagens se seguiriam àquela, e contribuiriam para estreitar as relações comerciais e empresariais de Walther com executivos de diversos países, numa época em que as empresas brasileiras eram essencialmente locais. Os bancos, ainda mais.

Além de atuar no ramo do café, Walther era dono de 30% do capital da casa bancária fundada por seu pai em Poços de Caldas, no Sul de Minas Gerais, a Casa Moreira Salles. João Moreira Salles, o pai, detinha os outros 70%. Foi na atividade bancária que a família Moreira Salles construiu, ao longo de quase um século, sua maior reputação e sua principal presença no noticiário econômico nacional.

Já em 1940, logo após sua primeira viagem internacional, Walther conduziu a Casa Moreira Salles naquele que foi o passo mais significativo rumo ao crescimento. Mérito do jovem diretor, então com vinte e oito anos, convencido de que era preciso fundir para crescer. No dia 4 de maio de 1940, a Casa Moreira Salles, de Poços de Caldas, somou-se à Casa Bancária de Botelhos, de Botelhos, e ao Banco Machadense, de Machado, todas cidades vizinhas no Sul de Minas, num estabelecimento único, batizado de Banco Moreira Salles. Em 1967, o Banco Moreira Salles, já com sede em São Paulo e duas centenas de agências, incorporaria o Banco Agrícola Mercantil (Agrimer), com sede em Porto Alegre e cerca de cento e vinte agências, criando a União de Bancos Brasileiros (UBB). O nome Unibanco seria adotado oficialmente em 1975.

A fusão das três casas bancárias para a criação do Banco Moreira Salles ainda nem havia esfriado quando Walther, aos trinta anos, orientou a diretoria do banco a adquirir a Sociedade Brasileira de Participações e Financiamentos, a Sofibraz, uma das primeiras *holdings* em atuação no Brasil. O conceito era novíssimo. Por meio da *holding*, os Moreira Salles poderiam adquirir ações de diversas empresas, nos mais variados setores, diversificando investimentos e atuando em múltiplos mercados.

Visionário, e já atuando em áreas tão diversas quanto a atividade bancária, a produção e a exportação de café, a gestão de armazéns e o controle de uma refinaria, Walther não demorou a perceber as vantagens que a diversificação de capitais proporcionava. Pouco depois, compraria outra *holding*, maior e mais forte, a Brazilian Warrant Co., de capital inglês. Seus ativos incluíam o controle acionário da Fazenda Cambuhy, considerada a maior fazenda de café do mundo, situada na região de Matão (SP), e a Companhia Paulista de Armazéns Gerais, entre outras empresas.

Em 1950, a holding foi comprada por um consórcio formado pela Sofibraz, do Grupo Moreira Salles, e pela Sampaio Kahn e Cia. Nacionalizada em seguida, teve o nome mudado para Brasil Warrant. Foi o início da maior operação de diversificação de investimentos de Walther, que até o final da década entraria em segmentos ainda mais diversos, como a produção de soda e derivados (Carbocloro), metalurgia e mineração de nióbio (CBMM) e agropecuária (Fazenda Bodoquena).

A intensa experiência internacional de Walther, inaugurada na viagem de hidroavião de 1939, bem como sua postura sempre elegante e conciliadora, renderia ao jovem banqueiro, entre outras coisas, o primeiro convite para ocupar um cargo público, como diretor da Carteira de Crédito Geral do Banco do Brasil, nomeado pelo presidente Eurico Gaspar Dutra em 1946.

Cinco anos depois, Walther seria convidado para ser embaixador do Brasil em Washington, a despeito de não ter cursado o Instituto Rio Branco. Walther não foi o primeiro. Joaquim Nabuco também não era diplomata, o que não o impediu de inaugurar a embaixada do Brasil nos Estados Unidos, em 1905. Tampouco fizera carreira diplomática o advogado e político Oswaldo Aranha, à frente da mesma embaixada nos anos 1930.

Walther serviu em Washington duas vezes: entre 1952 e 1953, no governo de Getúlio Vargas, e novamente entre 1959 e 1961, no governo Juscelino Kubitschek. Desde então, virou "embaixador". Era com esse tratamento que muitos interlocutores se referiam a Walther, na empresa, nas esferas governamentais, na política ou na imprensa.

As duas temporadas em Washington contribuíram para ampliar de forma exponencial a rede de contatos e a influência de Walther no exterior. De todos os relacionamentos cultivados por ele em suas incursões pela América, o mais duradouro – e aquele que mais despertou entusiasmo no empresariado brasileiro – foi firmado com os irmãos Rockefeller, que, àquela altura, comandavam não apenas a Standard Oil, gigante do petróleo fundada por seu avô, mas dezenas de empreendimentos em diferentes setores da economia, incluindo siderurgia e metalurgia, supermercado, indústria de vestuário e até o mercado de notícias, com participação acionária em editoras de revistas e emissoras de TV.

Quem primeiro se aventurou por terras brasileiras foi Nelson, o irmão político. Desde os anos 1940, Nelson Rockefeller tinha os olhos voltados para a América Latina e o Caribe. Nomeado pelo presidente Franklin D. Roosevelt, fora Coordenador de Assuntos Interamericanos do Departamento de Estado de 1940 a 1944 e, em 1947, fundou a Corporação Internacional de Economia Básica (IBEC, da sigla em inglês), uma organização sem fins lucrativos criada para dar continuidade aos projetos de desenvolvimento da América Latina que Nelson havia começado naquele cargo.

Quando Walther assumiu a embaixada do Brasil em Washington, em 1952, Nelson era chairman do Conselho Consultivo para o Desenvolvimento Internacional, um órgão vinculado à Presidência dos Estados Unidos, agora sob Harry Truman. Nem por isso deixara de atuar na América Latina. Nelson entendia que, para animar a economia em países subdesenvolvidos – e, por extensão, aumentar o consumo de produtos norte-americanos pelas populações desses países –, era preciso transferir tecnologia e estabelecer parcerias e sociedades com empreendedores locais. Naquele momento, Nelson já possuía fazendas na Venezuela e, empenhado em investir em projetos agropecuários nos trópicos, acabara de criar o Instituto de Pesquisas Agrícolas no Brasil.

Seguindo à risca a cartilha, Nelson e Walther estreitaram laços na primeira metade dos anos 1950 e logo firmaram a primeira parceria: Walther cedeu ao Instituto uma parte da Fazenda Cambuhy, onde sua holding produzia café. "Nela, Nelson desenvolveu um intenso trabalho de pesquisas, com técnicos franceses, ingleses e americanos", conta Luís Nassif no livro *Walther Moreira Salles: o banqueiro-embaixador e a construção do Brasil.* Em 1956, Nelson revelou a Walther seu desejo de conhecer a Bodoquena, adquirida pelos Moreira Salles em 1950. Em poucos meses, tornou-se sócio na fazenda, com 40% do capital.

O comando da embaixada do Brasil em Washington não foi a única função pública exercida por Walther. Logo após seu retorno ao Brasil, em 1961, o novo presidente, Jânio Quadros, o nomeou para o posto de enviado extraordinário do Brasil em Washington para a renegociação da dívida externa. Seu vasto currículo de servidor público inclui ainda uma temporada como Ministro da Fazenda durante o governo parlamentarista de João Goulart, a despeito de não se sentir afinado com as políticas propostas por aquele governo.

Walther Moreira Salles exerceu também destacado papel no mundo das artes, doando obras de artistas renomados para museus e centros culturais e atuando também como mecenas. Presidiu o Museu de Arte Moderna do Rio de Janeiro de 1969 a 1974 e, em 1988, foi convidado a participar do Conselho Internacional do Museu de Arte Moderna de Nova York, o MoMA, então presidido pelo amigo David Rockefeller. Em 1992, subiu um degrau e tornou-se membro do Conselho de Notáveis do mesmo museu. O ápice de sua trajetória como apoiador e patrocinador das artes foi a fundação do Instituto Moreira Salles (IMS) em 1988, ainda com o nome de Instituto de Artes Moreira Salles. O nome seria atualizado em 1992, mesmo ano em que Walther decidiu se afastar de todas as atividades empresariais para se dedicar exclusivamente ao fomento das artes e da cultura. A única presidência que ele continuou a ocupar foi a do conselho consultivo do IMS. Ali, cercou-se de conselheiros de renome como Antônio Cândido, Lygia Fagundes Telles, Décio de Almeida Prado e Otto Lara Resende.

Quando Walther Moreira Salles morreu, aos oitenta e oito anos, em 2001, o Unibanco era o quarto maior banco privado do Brasil. Em 2008, oitenta e dois anos após a fundação da Casa Bancária Moreira Salles, em Poços de Caldas, o banco da família concluiu um surpreendente processo de fusão com o Itaú, então o segundo no ranking dos maiores bancos. Resultado da operação, o Itaú Unibanco S.A. tornou-se o maior banco privado de toda a América Latina. Desde 1966, pelo menos até 2020, nenhum outro cidadão brasileiro sem carreira na diplomacia logrou ocupar o cargo de embaixador do Brasil em Washington.

quatro

Esse menino pensa que vai mandar em mim?

Camargo desembarcou pela primeira vez na fazenda poucos meses depois da conversa com o embaixador. Deu de cara com uma propriedade imensa, com cerca de 400 mil hectares, extensão equivalente à da República de Cabo Verde, na África. Se fosse um país, haveria pelo menos vinte e cinco países menores que a Bodoquena, incluindo Cingapura, com 70 mil hectares, e Luxemburgo, o grão-ducado europeu de 258 mil hectares com o maior PIB per capita do mundo. Se a fazenda fosse um município, comportaria oito cidades iguais a Porto Alegre – ou três iguais ao Rio de Janeiro.

Eram cerca de 100 quilômetros de comprimento por quase 40 quilômetros de largura acompanhando, de ambos os lados, a linha de ferro da Noroeste do Brasil. Nada menos do que seis estações de trem ficavam dentro de suas terras, entre as cidades de Miranda e Corumbá: Salobra, Coronel Juvêncio, Guaicurus, Porto Carrero, Bodoquena e Carandazal. A fazenda era banhada, a nordeste, pelo Rio Miranda, e, a oeste, alcançava o Rio Paraguai, na fronteira com a Bolívia.

O Grupo Moreira Salles havia adquirido a fazenda em 1950, de uma empresa chamada A Territorial Franco-Brasileira S.A. Nos anos 1920, os franceses haviam financiado a construção da estrada de ferro que ligava o Brasil à Bolívia e, em troca, receberam o direito de posse de 440 mil hectares em torno da ferrovia. A propriedade chegara praticamente intacta a 1950, tendo perdido menos de 10% da área original. Na época, tinha 407 mil hectares e era conhecida como "Fazenda Francesa" pelos trabalhadores e pela população do entorno.

Era uma fazenda de gado, de pecuária extensiva. Quem sugeriu a compra e cuidou para que o negócio se concretizasse foi Maurício Verdier. Padrinho do primeiro casamento de Walther, Maurício era executivo da Metalma, uma fábrica metalúrgica das Indústrias Matarazzo, e tinha uma loja de barcos e equipamentos náuticos em São Paulo, a Verdier e Companhia. Fazia alguns anos que Maurício e Walther ensaiavam ser sócios em algum empreendimento. Maurício, apaixonado por fazendas, insistia em investir no Mato Grosso, talvez em alguma commodity, mas a dupla de amigos acabava sempre adiando a concretização do plano.

Em 1949, uma tragédia consumou o negócio. Félix Rieux, administrador da fazenda e sócio da A Territorial Fran-

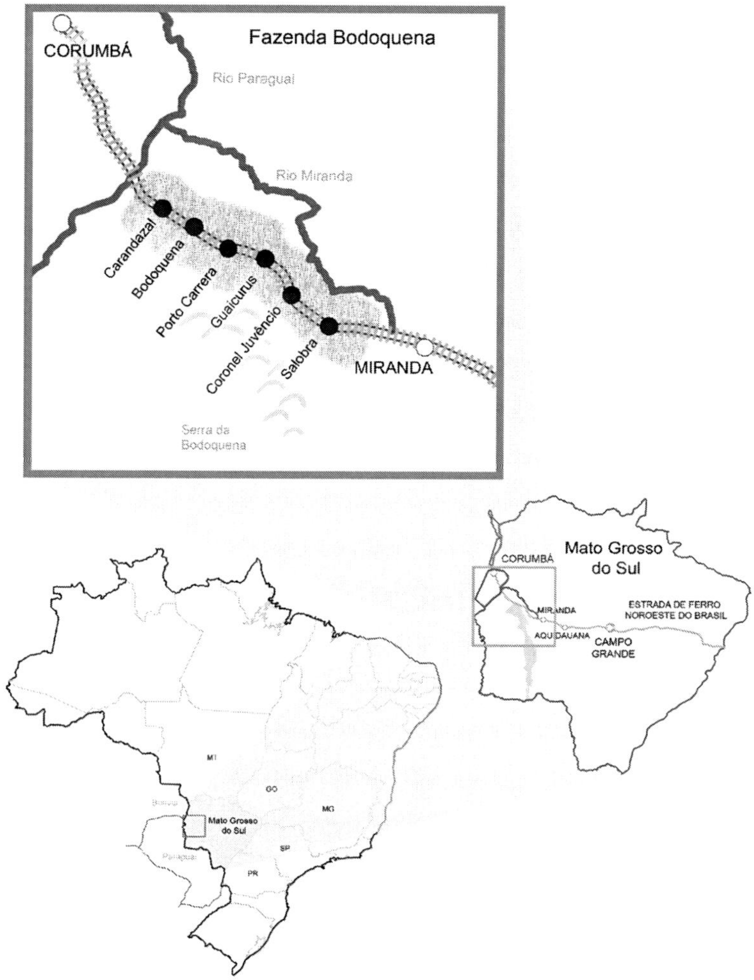

Situada na porção sudoeste do Mato Grosso, convertida em Mato Grosso do Sul em 1977, a Fazenda Bodoquena ocupava uma faixa de 100 quilômetros X 40 quilômetros ao longo da ferrovia Noroeste do Brasil, junto ao Rio Miranda e à fronteira com o Paraguai e a Bolívia.
Ilustração: Roberto Weigand

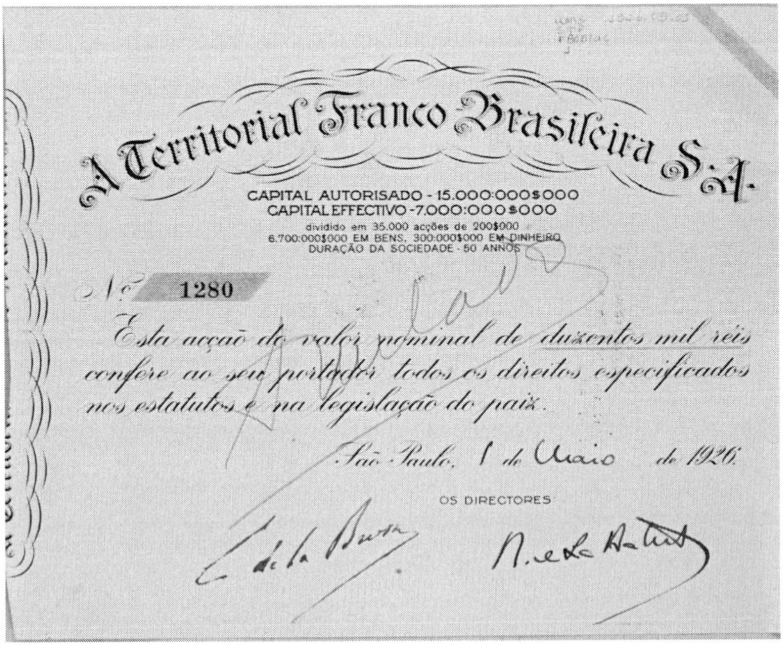

A Territorial Franco Brasileira S.A.

CAPITAL AUTORISADO - 15.000:000$000
CAPITAL EFFECTIVO - 7.000:000$000
dividido em 35.000 acções de 200$000
6.700:000$000 EM BENS, 300:000$000 EM DINHEIRO
DURAÇÃO DA SOCIEDADE - 50 ANNOS

Nº 1280

Esta acção de valor nominal de duzentos mil reis confere ao seu portador todos os direitos especificados nos estatutos e na legislação do paiz.

São Paulo, 1 de Maio de 1926.

OS DIRECTORES

Título de ação da A Territorial Franco-Brasileira datado de 1926. A empresa havia recebido 440 mil hectares do governo durante a construção da ferrovia Brasil-Bolívia.
Acervo Instituto Moreira Salles

co-Brasileira, foi morto a tiros na varanda da sede. Uma das balas o atingiu na testa. Jamais se descobriu a identidade do autor dos disparos nem quem eram os homens que o acompanhavam. Se havia um mandante, também não se sabe. O que se sabe é que os sócios da fazenda, abalados com aquele desfecho trágico, decidiram colocar a fazenda à venda. E por um preço bastante convidativo. Verdier ficou sabendo e telefonou para o Dr. Walther.

As ações foram divididas em cinco partes iguais: 20% para cada um dos quatro sócios da Brasil Warrant – Walther

Moreira Salles, seu pai João Moreira Salles, Pedro di Perna e Júlio de Souza Avellar – e 20% para Maurício. Diferentemente dos outros sócios, o compadre entrou para a sociedade sem aportar dinheiro. O acordo firmado entre os sócios justificava a regalia. Maurício não apenas desempenhara o papel de corretor, viabilizando a compra, como atuaria dali em diante como sócio operador: colocaria a mão na massa e ficaria responsável pelo dia a dia da fazenda. Em questão de meses, Maurício juntou seus pertences, tomou a esposa Elizabeth pelo braço e se mudou para a Bodoquena.

Já em 1954, quando o pai de Camargo entrou na empresa, a diretoria era composta pelo presidente Luiz Simões Lopes, também presidente da Fundação Getúlio Vargas (FGV) – instituição de ensino fundada dez anos antes para formar quadros qualificados para a administração pública e privada –, o vice-presidente Walther Moreira Salles, o superintendente Maurício Francisco Verdier e o diretor Agenor de Camargo Filho.

O quadro de acionistas teria uma primeira reviravolta em 1956. Naquele ano, o norte-americano Nelson Rockefeller, assessor da Casa Branca para relações exteriores, soube da Bodoquena em conversa com o então embaixador do Brasil em Washington e ficou interessado em fincar os pés naquele tal de Mato Grosso. Em junho, Walther enviou uma carta a Maurício pedindo que o sócio sugerisse alguma fazenda que Nelson pudesse comprar. Papo vai, papo vem, antes do fim do ano Nelson propôs ao embaixador comprar a Bodoquena, mesmo sem jamais ter visitado a fazenda. Walther recusou.

— Então me vende 50% — insistiu o americano.

— Não posso — o embaixador se esquivou mais uma vez. — Vendo 40%.

Foi assim que, três anos depois de Seu Agenor instalar a estação de rádio em sua casa e virar diretor da fazenda, a Bodoquena se tornou uma empresa multinacional, com 40% de capital estrangeiro, embora o controle continuasse com os brasileiros. Feitos os cálculos, Walther preservou sua participação e ainda adquiriu parte das ações dos demais sócios brasileiros, enquanto Nelson vendeu parte de suas ações para os irmãos.

A notícia da compra se alastrou feito rastilho de pólvora. Todos queriam entrevistar Walther e Nelson para apurar os detalhes. Nenhum deles, nem seus assessores, haviam traçado uma estratégia para responder à investida dos jornalistas.

Em 1964, o capital social estava assim distribuído: os acionistas estrangeiros tinham 40,8% das ações – Nelson Rockefeller (33,3%), Laurence Rockefeller (3,75%) e David Rockefeller (3,75%) – e os acionistas nacionais, 59,2%. Walther Moreira Salles tinha 30%, Maurício Verdier tinha 20% e os 9,2% restantes eram divididos entre cinco sócios minoritários: João Moreira Salles (2,2%), Pedro di Perna (2,2%), Júlio de Souza Avellar (2,2%), Eduardo Mario da Silva Ramos (1,7%) e José Xavier de Salles (0,8%).

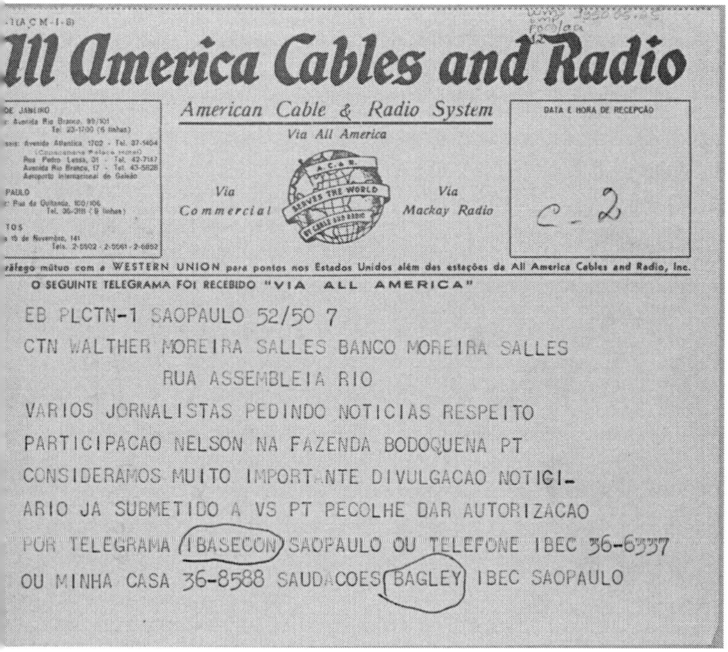

All America Cables and Radio

American Cable & Radio System

Via All America

Via Commercial

Via Mackay Radio

DATA E HORA DE RECEPÇÃO

C-2

Em tráfego mútuo com a WESTERN UNION para pontos nos Estados Unidos além das estações da All America Cables and Radio, Inc.

O SEGUINTE TELEGRAMA FOI RECEBIDO "VIA ALL AMERICA"

EB PLCTN-1 SAOPAULO 52/50 7
CTN WALTHER MOREIRA SALLES BANCO MOREIRA SALLES
RUA ASSEMBLEIA RIO
VARIOS JORNALISTAS PEDINDO NOTICIAS RESPEITO
PARTICIPACAO NELSON NA FAZENDA BODOQUENA PT
CONSIDERAMOS MUITO IMPORTANTE DIVULGACAO NOTICI-
ARIO JA SUBMETIDO A VS PT PECOLHE DAR AUTORIZACAO
POR TELEGRAMA IBASECON SAOPAULO OU TELEFONE IBEC 36-6337
OU MINHA CASA 36-8588 SAUDACOES BAGLEY IBEC SAOPAULO

Em 1956, assessor de Nelson Rockefeller envia telegrama ao escritório de Walther Moreira Salles sugerindo divulgar a entrada do americano na sociedade: "Vários jornalistas pedindo notícias".
Acervo Instituto Moreira Salles

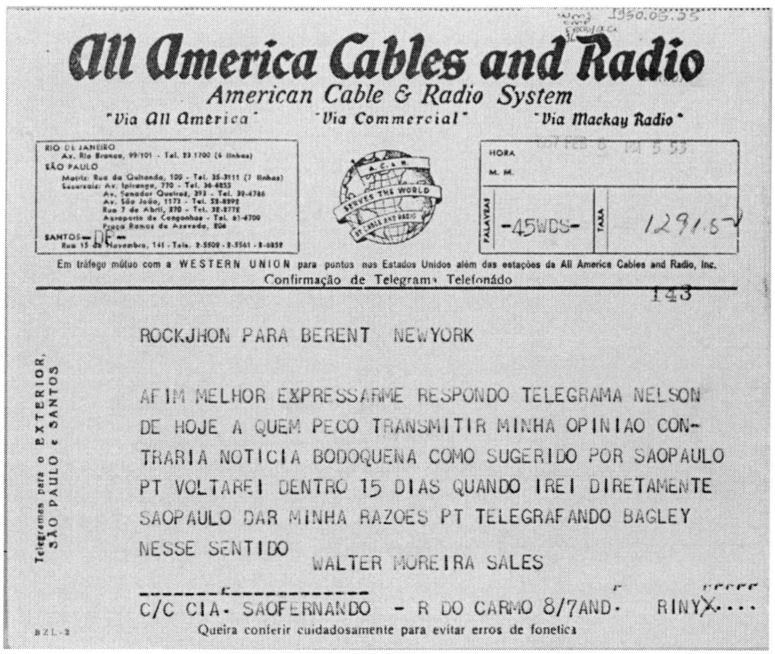

All America Cables and Radio

American Cable & Radio System

"Via All America" "Via Commercial" "Via Mackay Radio"

HORA

M. M.

PALAVRAS -45WDS- TAXA 1291.5

Em tráfego mútuo com a WESTERN UNION para pontos nos Estados Unidos além das estações da All America Cables and Radio, Inc.

Confirmação de Telegrama Telefonado

143

Telegramas para o EXTERIOR, SÃO PAULO e SANTOS

ROCKJHON PARA BERENT NEWYORK

AFIM MELHOR EXPRESSARME RESPONDO TELEGRAMA NELSON
DE HOJE A QUEM PECO TRANSMITIR MINHA OPINIAO CON-
TRARIA NOTICIA BODOQUENA COMO SUGERIDO POR SAOPAULO
PT VOLTAREI DENTRO 15 DIAS QUANDO IREI DIRETAMENTE
SAOPAULO DAR MINHA RAZOES PT TELEGRAFANDO BAGLEY
NESSE SENTIDO
WALTER MOREIRA SALES

C/C CIA. SAOFERNANDO - R DO CARMO 8/7AND. RINY

Queira conferir cuidadosamente para evitar erros de fonetica

Walther responde em seguida e transmite sua opinião contrária à divulgação. Discrição nos negócios sempre foi uma das marcas da atuação do grupo.
Acervo Instituto Moreira Salles

Quando Camargo assumiu a direção da fazenda, em 1966, Nelson estava de saída da sociedade. Suas ações foram compradas pelo irmão David Rockefeller em meados daquele ano. Segundo relatos do próprio David, o irmão praticamente o obrigara a comprar sua participação. E por um preço superdimensionado, uma forma de fazer caixa para a campanha eleitoral daquele ano. "Entre 1958 e 1970, Nelson concorreu a cada dois anos, um total de sete campanhas", escreveu David Rockefeller no livro Memórias. "Nunca fui um grande colaborador de suas campanhas, e ele nunca me pressionou para apoiá-lo. Isso mudou quando a situação financeira de Nelson tornou-se cada vez mais precária em meados da década de 1960".

A palavra precária está longe de ser a mais adequada para descrever a situação financeira de Nelson Rockefeller naquela época. De qualquer maneira, naquele ano de 1966, Nelson precisava de dinheiro para divulgar sua candidatura pelo Partido Republicano e garantir a reeleição no dia 8 de novembro. "Ele me pediu para comprar sua parte em nossa fazenda brasileira, a Fazenda Bodoquena, como um meio de gerar fundos adicionais para a campanha", conta o irmão David. "Na verdade, ele não pediu, ele exigiu. Nelson insistiu em que eu lhe pagasse US$ 2 milhões por sua parte".

Em suas memórias, David afirma que o preço, equivalente a US$ 16 milhões ou R$ 67,2 milhões em 2020, estava acima do valor de mercado. E que ele não hesitou em dizer isso ao irmão. Nelson, furioso, explicou que havia sacado do fundo de investimentos da família tudo o que os curadores haviam permitido, e que ele não tinha outra fonte de recursos naquele momento. Por fim, a poucas semanas da eleição, chamou o irmão de ingrato, depois de ter feito tanto por ele. David respondeu por meio de uma carta. Escreveu que era muito grato pelo que Nelson fizera no passado e que pagaria os US$ 2 milhões pedidos, mas insistiu que o irmão, no futuro, "concordasse em lidar com base nos fatos presentes, sem referência a considerações passadas". Em 1967, David tornou-se dono de 40,8% das ações da Bodoquena.

Uma coisa não mudara ao longo daqueles dezesseis anos: Maurício Verdier continuava reinando nos domínios da Bodoquena. Ele era uma espécie de comandante-em-chefe da fazenda, que, à primeira vista, pareceu a Camargo um cenário de faroeste: longe e selvagem, cercado de mata nativa e trabalhadores raramente afáveis, quase todos com arma na cintura.

Antes de conhecer Camargo pessoalmente, Maurício já tinha ouvido falar dele. Pior: recebera por meio de um intermediário suas primeiras orientações. Segundo o mensageiro, Camargo queria que Maurício Verdier passasse a usar um cheque administrativo acrescido de um formulário de preenchimento obrigatório toda vez que fosse comprar gado, alimentos ou insumos, em Miranda ou Campo Grande. Seguindo instruções do patrão, Camargo cobrava maior organização nas contas e comedimento nos gastos. "Maurício gastava o

FAZENDA BODOQUENA S. A.

Relação de Acionistas - %

ACIONISTA	%
Dr- Walther Moreira Salles	30,0000
Maurício Francisco Verdier	20,0000
João Moreira Salles	2,2222
Pedro di Perna	2,2222
Julio de Souza Avellar	2,2222
Eduardo Ramos	1,6666
José Xavier de Salles	0,8333
Nelson A. Rockefeller	33,3322
Laurance S. Rockefeller	3,7500
David Rockefeller	3,7500
Henry Wight Bagley	0,0013

em: 16 de março de 1962

Quadro de acionistas em 1962: Nelson Rockefeller ainda é o sócio estrangeiro majoritário, com mais ações, em porcentagem, do que Walther Moreira Salles.
Acervo Instituto Moreira Salles

que queria sem se preocupar com o saldo em conta", lembra Camargo. "A despesa acabava batendo lá na agência, em São Paulo, e o gerente tinha de se virar para cobrir o cheque e não deixar a conta no vermelho".

Quando alguém reclamava com Maurício sobre sua displicência com o manejo dos recursos, ele dizia que problema de banco era com o Dr. Walther, e que a obrigação dele era cuidar para nada faltar na fazenda.

Dr. Walther não concordava. Numa carta endereçada a Maurício em 1954, doze anos antes da chegada de Camargo, Walther Moreira Salles já pressionava o compadre: "A Diretoria, legalmente responsável pela gestão financeira, precisa acompanhá-

-la de perto", escreveu o controlador. "É indispensável, como você compreende, que o orçamento aprovado pela Diretoria não seja excedido de maneira alguma".

Mais adiante, na mesma correspondência, Walther cobrava bom senso do superintendente. "Estou seriamente preocupado com o vulto das nossas inversões na fazenda", disse, referindo-se aos cheques descontados por Maurício, sem conferir se havia fundo, obrigando a gerência do banco a buscar recursos em outras empresas do grupo a fim de cobrir as retiradas imprevistas. "Agora, em São Paulo, verifiquei como vem crescendo o débito da Bodoquena no Banco", acrescentou Walther na carta. "Não podemos, de maneia alguma, continuar em tal situação. O Banco não corre risco algum, bem sabemos, ao

Estação Guaicurus, no município de Miranda (MS), uma das seis estações da Estrada de Ferro Noroeste do Brasil localizadas dentro da Bodoquena.
1976. Acervo do Museu Ferroviário Regional de Bauru

consentir tal crédito, pois que a fazenda responde largamente. O fato, porém, é que constitui grande constrangimento para todos um débito tão elevado de sociedade em que há interesses nossos. Não fora a inconveniência de fazermos tamanho investimento em prazo tão curto, esta outra razão, de grave ordem moral, estaria a exigir prontas medidas".

Assim que assumiu a direção, Camargo se lembrou do conselho do pai: Maurício tem um jeito excêntrico de administrar e não gosta de contador. Resolveu implementar o sistema do cheque com formulário exatamente para ver se melhorava a comunicação entre Maurício e o Banco. A resposta do superintendente foi retumbante:

— Lizá — gritou Maurício à esposa —, é hora de recolhermos os cachorros. Se esse menino pensa que vai mandar em mim, ele está muitíssimo enganado. Ele que se mude para cá e venha cuidar da fazenda pessoalmente. Nós vamos embora.

Maurício não cumpriu a promessa. Pelo menos não naquele momento. Ele e a esposa, a norte-americana Elizabeth, permaneceriam na fazenda até o fim da década.

O desprezo com a contabilidade não era o único traço pouco ortodoxo na personalidade do superintendente. Maurício, aos sessenta e poucos anos, era dono de um estilo rude; educado, mas mandão. Seus subordinados não tardaram a tascar nele o apelido de Dom Maurício. Com 1,90 metro de altura, tinha o hábito de espinafrar os trabalhadores da fazenda, tanto os peões quanto os que desempenhavam função de chefia, sempre aos berros. E, embora despertasse ódio em muitos empregados, jamais andou armado, ao contrário da maioria daqueles homens. Era um dos poucos, talvez o único, a andar por aquelas terras sem um revólver na cintura.

Na sede, quem mandava era Lizá, a esposa. Cuidava da casa, sempre muito arrumada, e exercia forte influência sobre as outras mulheres da Bodoquena, normalmente esposas de funcionários. Por sua orientação, as refeições eram servidas à francesa. E com lavanda.

Camargo estranhava aquela sofisticação, que, segundo ele, destoava do contexto. A etiqueta praticada à mesa parecia ultrapassada, deslocada, incompatível com a realidade naquele lugar. Mais de uma vez, Camargo viu convidados apanharem o pote de lavanda e beber a água num gole só.

Havia algo de casa-grande naqueles jantares, a começar pela mesa, circular, esculpida em madeira de lei. Enorme, acomodava dezoito pessoas à sua volta. Ao número de comensais correspondia igual número de empregados responsáveis por servir o jantar. Todos de uniforme branco, impecáveis. Os mais experientes circundavam a mesa empunhando travessas para que os presentes se servissem. Os mais novos, adolescentes com traços ameríndios, postavam-se ao redor da mesa e permaneciam em pé, a curta distância, atentos às taças e aos pratos. A cada gole de água, aproximavam-se com a jarra e prontificavam-se a encher os copos.

Anos antes de Camargo virar diretor, havia uma mascote naquela casa. Não era uma cadela, tampouco uma gata ou um papagaio. Maurício e Lizá tinham uma bugia de estimação: uma macaca de uns 50 centímetros à qual chamavam carinhosamente de Gia. Por incrível que pareça, Gia participava dos jantares e tinha liberdade para subir na mesa e se servir do que quisesse. Isso incluía a autorização para meter o braço peludo na travessa de arroz ou na sopeira, para espanto da maioria dos convidados. "Ela é limpinha", Lizá afirmava, encorajando os forasteiros a não se importar caso a macaca tocasse em sua comida. "Estudei um pouco sobre macacos na faculdade e posso afirmar que ela tem uma doença de pele nas mãos que pode ser contagiosa também para humanos", respondeu um veterinário, certa feita, recusando-se a terminar a refeição.

Maurício e Lizá eram senhores absolutos da fazenda. Ocupavam a suíte principal, mandavam no cardápio e decidiam até a hora em que o gerador deveria ser desligado – o mais tardar às oito da noite, mesmo nas raras ocasiões em que Dr. Walther ia à fazenda.

À esquerda, produção extensiva de gado bovino nas invernadas da Fazenda Bodoquena. Abaixo, o traçado sinuoso do Rio Miranda com o Morro do Azeite ao fundo: cartão postal do empreendimento.
Acervo pessoal de Antonio Siviero

FAZENDA BODOQUENA

cinco

Café voador

Camargo viajava a cada dois meses à Bodoquena. Numa de suas primeiras idas, ainda em 1966, resolveu tomar um Caravelle da Cruzeiro do Sul, a maior novidade em transporte aéreo no Brasil dos anos 1960. Decolou em Congonhas e chegou a Campo Grande em pouco mais de uma hora. Maurício encontrou um jeito de alfinetá-lo:

— Que exagero. Lizá e eu vamos a São Paulo pela Vasp. São apenas duas escalas. Uma viagem muito agradável e que não leva mais do que seis horas.

Nos domínios da Bodoquena, no entanto, Maurício voava de um lado para outro, quase sempre sozinho. Era ele quem pilotava o Cessna 172 da fazenda. Mesmo sem brevê, dispensava piloto e tocava a rota ele mesmo, invariavelmente na cadeira da direita, normalmente destinada ao copiloto. Voava muitas vezes sem ninguém ao lado, uma temeridade segundo os manuais de aviação privada, sobretudo para um senhor sem habilitação e que, sexagenário, já havia sofrido um infarto.

A Bodoquena tinha onze pistas de pouso nos anos 1960 e chegou a ter dezessete na década seguinte. Todas muito rudimentares. Abria-se uma picada de uns 800 metros de comprimento perto de cada invernada, que era a forma como eram chamados os pastos de grande extensão, delimitados por cerca ou pelo rio, onde o gado era deixado por semanas ou meses para engordar. Havia apenas duas pistas de pouso um pouco melhores e mais extensas: uma na seção Guaicurus, perto da sede, e outra na seção Bodoquena. Nessas, era possível operar aviões maiores.

Nos primeiros anos de Bodoquena, além de tourear os gastos de Maurício, Camargo assumiu a tarefa prioritária de sistematizar balanços financeiros e produzir relatórios periódicos em inglês, algo fundamental numa empresa com 40% de capital estrangeiro. Definiu ainda algumas metas estratégicas. Em primeiro lugar, determinou que a fazenda – então com 40 mil cabeças de gado, 1.600 quilômetros de cerca e 10 mil hectares de pastagens – não voltaria a demandar dinheiro do Banco Moreira Salles nem obter empréstimos. Todo recurso usado na propriedade, seja para reformar porteiras, alimentar os quase duzentos funcionários ou abrir pistas de pouso, viria da venda de gado. Ao mesmo tempo, todo exercício fiscal teria de ser superavitário, ou seja, não adiantava sair vendendo bois para cobrir as despesas: a fazenda não deveria jamais encerrar o ano com menos ativos do que encerrara o ano anterior.

Em 1967, quando Camargo ainda não havia completado um ano na direção da Bodoquena, Dr. Walther o avisou que David Rockefeller estava com viagem marcada para o Rio de Janeiro e, de lá, embarcaria para o Mato Grosso a fim de conhecer a fazenda. Banqueiro como Walther, David acabara de adquirir todas as ações do irmão Nelson, o equivalente a 40% do capital da Bodoquena, e ainda não tivera a chance de conhecer a fazenda na qual investira. Chegara a hora de mostrar a Bodoquena a David – e Camargo foi encarregado de zelar para que a visita transcorresse da melhor maneira possível.

O Aero Commander do Banco, um bimotor executivo capaz de voar a 10 mil pés, decolou do Aeroporto do Galeão (hoje Antônio Carlos Jobim), no Rio de Janeiro, e pousou na seção Guaicurus levando ainda outros dois estrangeiros: o advogado Frank Musselman, do escritório que prestava assessoria jurídica a David, e sir John Hugo Loudon, chairman da Royal Dutch Shell, conhecida como Shell no Brasil, empresa de petróleo e gás de capital inglês e holandês fundada por seu pai, Hugo Loudon, em 1907.

Ao longo de dois dias, David e os amigos percorreram toda a propriedade. Se hospedaram na sede com Maurício e Lizá, conheceram todas as seções e as estações de trem, visitaram os rios, conferiram a qualidade do gado. No último dia, antes de voltarem todos para o Rio, aconteceu um episódio que causou péssima impressão em David. No futuro, o americano voltaria a se referir a ele como "o incidente".

Walther Moreira Salles e David Rockefeller embarcam no Aeroporto do Galeão, hoje Aeroporto Antônio Carlos Jobim, no Rio de Janeiro, rumo à Bodoquena. O acionista americano faria sua primeira visita à fazenda, que arrematara do irmão Nelson.
Reprodução

Maurício, orgulhoso, resolveu mostrar ao novo sócio um conjunto de doze casas que havia mandado construir para os funcionários. Eram amplas, com 90 metros quadrados, todas de alvenaria. Maurício chamava atenção dos estrangeiros para o tamanho das varandas, cômodo em que as famílias costumavam se reunir no fim da tarde e depois do jantar, sempre ao redor do fogão a lenha. Entrou numa das casas e foi mostrando tudo: a sala, a cozinha, os três quartos. David parecia impressionado. Em determinado momento, o presidente do Chase Manhattan inquiriu:

— *Where is the bathroom?* — quis saber. — Cadê o banheiro?

Maurício não titubeou:

— Esses "bugres" não sabem usar o banheiro.

David arregalou os olhos. Depois franziu as sobrancelhas. Seus olhos procuraram os de Walther, como se buscassem se certificar de que ele havia escutado direito.

— Não sabem? — perguntou. — E como eles fazem suas necessidades?

— No mato! — Maurício minimizou.

David não disse mais nada. Continuou a visita, ressabiado. Mais tarde, puxou Camargo para um canto, discretamente, e perguntou se ele iria a Nova York nos meses seguintes.

— Preciso conversar com você.

No voo de volta ao Rio, aconteceu uma cena digna de comédia pastelão. Como nos melhores episódios do gênero, nenhum dos intérpretes riu, mas se alguém visse a cena pela TV ou no cinema, por certo perderia o fôlego. Viajavam na aeronave os sócios Walther e David, os outros dois visitantes norte-americanos, Camargo e Fernando Moreira Salles, o primogênito de Walther, então com vinte e um anos. Havia um bolo para ser partido e distribuído durante a viagem, uma espécie de serviço de bordo improvisado. Bolo com café.

Sem que os demais ouvissem, Fernando comentou com o diretor da fazenda:

— Você já imaginou se o avião passa por uma turbulência bem na hora que eu estou servindo o bolo e uma fatia despenca no colo de um desses elegantes senhores?

De fato, pareciam três lordes. Walther vestia paletó, apesar dos mais de trinta graus e da intimidade de uma aeronave privativa. John Loudon usava uma barba volumosa que lhe cobria o colarinho. Camargo segurou o riso ao imaginar aquela barba cheia de chantilly, o paletó do embaixador todo enlambuzado.

— Isso é uma orientação? — Camargo respondeu, entrando na brincadeira.

— Você teria coragem? — Fernando provocou.

— Só por US$ 1 milhão.

Em valores atualizados, o pastelão custaria cerca de

US$ 7,7 milhões (R$ 32,3 milhões) a Fernando, caso ele quisesse se divertir um pouco mais durante o voo.

— Você é um medroso — o jovem encerrou o assunto, pondo fim ao roteiro mirabolante. Minutos depois, no entanto, era chegada a hora da merenda e Fernando propôs que Camargo servisse o café enquanto ele cortaria o bolo.

"O panaca aqui, em vez de desatarraxar a tampa da garrafa, começou a puxar", conta Camargo. "Puxei, puxei, e de repente a tampa pulou. Aquilo esguichou como se fosse um gêiser de petróleo. Voou café para todo lado."

O primeiro esguicho foi parar nas pernas do Dr. Walther, junto à virilha, como água fervente. O embaixador se contorceu e não conseguiu evitar um gemido. "Olhei para trás e vi o David Rockefeller parecendo uma onça pintada, todo respingado de café, e o John Loudon inquieto, tentando limpar a barba", diz Camargo.

Impossibilitado de abrir a porta do avião e sair correndo, Camargo suava. Não sabia o que fazer. Pegou uma valise do embaixador e começou a esfregar um pano nela, querendo limpar. Walther a arrancou das mãos do diretor.

— Não basta o que você já aprontou?!

Quando finalmente o Aero Commander aterrissou no Rio, Camargo já estava resignado, preparado para a eminente demissão. Imaginou que em dois ou três dias seria dispensado do Grupo. Como nada acontecesse naquela semana, imaginou que esperariam fechar o mês. No fim, o episódio passou batido. E não impediu que, no ano seguinte, Camargo adquirisse 1% do capital da fazenda, o que fez dele, aos trinta e três anos, sócio de Walther Moreira Salles e David Rockefeller.

Não foi uma negociação qualquer. Foi preciso paciência e jogo de cintura ao longo de dois anos sem receber parte dos honorários a que teria direito para, cumprido esse período, amealhar uma participação societária que, se não era inédita, era bastante rara no Brasil dos anos 1960. Para fazer esse upgrade, Camargo usou a seu favor o fato de acumular a direção financeira da Carbocloro com a vice-presidência da Bodoquena, além de atuar na Óleos Alimentícios Cambuhy S. A., em Matão, no interior de São Paulo.

Entre 1967 e 1968, Camargo optou por receber somente o salário da Carbocloro, enquanto o montante "a receber" da Bodoquena e da Cambuhy crescia a cada mês. Em fevereiro de 1968, quando completou dois anos de Bodoquena, Camargo propôs a Walther adquirir em ações o valor equivalente aos honorários e às participações nos lucros referentes a 1967 e 1968. Num memorando encaminhado ao patrão em 20 de fevereiro, Camargo afirmou que tinha direito a 82 mil cruzeiros novos, ou US$ 25,5 mil conforme o câmbio do dia (US$ 188,5 mil, ou R$ 792 mil, em valores de 2020).

Para que o quadro de acionistas comportasse sua entrada, ficou acertado que os sócios brasileiros venderiam um pequeno percentual de ações, algo próximo de 1% do que cada um possuía, totalizando 82 mil cruzeiros novos (16.644 ações da Bodoquena conforme o preço cobrado de US$ 1,53 por ação por ocasião da venda da participação de Nelson Rockefeller aos irmãos no ano anterior). Walther, por exemplo, venderia 8.441 das suas 1.170.014 ações. Maurício venderia 5.626 de suas 779.999. No fim, Camargo ousou choramingar uma conversão mais atraente. "Pediria ao sr. a possibilidade de estudar para o nosso caso o preço de US$ 1,38", escreveu ao patrão.

Não funcionou. Em documento firmado por Walther Moreira Salles, o controlador concordava com a aquisição acionária, mas declinava em relação à alteração no preço. "O seu trabalho tem sido eficiente e útil para as sociedades, sobretudo para a Fazenda Bodoquena, cuja contabilidade encontra-se em perfeita ordem, com controles adequados e com a sua situação fiscal tranquila. Assim, parece-me ser justo acolher a pretensão como um estímulo para seu trabalho", escreveu. "Quanto ao valor das ações, temos a base da negociação entre os irmãos Rockefeller, que foi de US$ 1,53 por ação. O Sr. Camargo pleiteou US$ 1,38. Não vejo por que modificarmos o preço da primeira negociação, exaustivamente conduzida, e que julgo razoável."

As ações foram finalmente transferidas, por US$ 1,53, no final de 1968. Quando entrou para a diretoria da CBMM, em 1974, Camargo repetiu a estratégia e negociou, com suces-

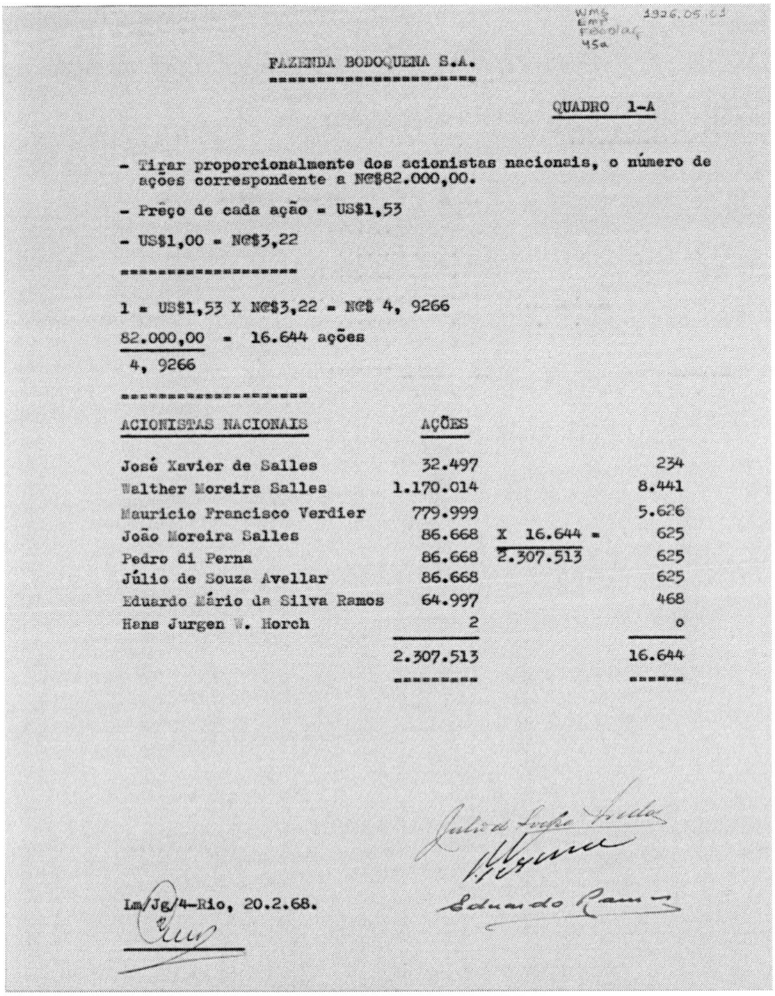

FAZENDA BODOQUENA S.A.

QUADRO 1-A

- Tirar proporcionalmente dos acionistas nacionais, o número de ações correspondente a NC$82.000,00.

- Prêço de cada ação = US$1,53

- US$1,00 = NC$3,22

1 = US$1,53 X NC$3,22 = NC$ 4, 9266

82.000,00 / 4, 9266 = 16.644 ações

ACIONISTAS NACIONAIS	AÇÕES		
José Xavier de Salles	32.497		234
Walther Moreira Salles	1.170.014		8.441
Mauricio Francisco Verdier	779.999		5.626
João Moreira Salles	86.668	X 16.644 =	625
Pedro di Perna	86.668	2.307.513	625
Júlio de Souza Avellar	86.668		625
Eduardo Mário da Silva Ramos	64.997		468
Hans Jurgen W. Horch	2		o
	2.307.513		16.644

Lm/Jg/4-Rio, 20.2.68.

Camargo escreve ao embaixador propondo que seus honorários referentes a dois anos de trabalho fossem trocados por ações da Bodoquena, vendidas em igual proporção pelos demais sócios brasileiros; sua participação se estabilizaria em 1% do capital .
Acervo Instituto Moreira Salles

so, a aquisição de 1% da Companhia, uma fórmula que, quase sempre, funciona muito melhor do que um salário fixo como estímulo ao engajamento dos executivos na busca por aumentar a margem de lucro do negócio. Ao longo das décadas, foi por meio dessa pequena participação acionária que Camargo construiu seu patrimônio.

Camargo já era virtualmente sócio de David Rockefeller quando foi visitá-lo, em Nova York, em maio de 1968. Enquanto a França entrava em ebulição com gigantescas manifestações puxadas por estudantes, que erguiam barricadas e incendiavam carros no meio das ruas, Camargo foi recebido por David em sua sala, na presidência do Chase Manhattan. O anfitrião reiterou sua alegria por ter conhecido a fazenda no ano anterior. Afirmou ter ficado bem impressionado com os pastos, os retiros, o balanço anual enviado por Camargo nos primeiros dias de janeiro, mas não demorou a abordar o assunto que o preocupava desde aquela visita.

— Não gostei de como os trabalhadores são tratados na fazenda — o americano explicou, com o semblante sério, referindo-se ao "incidente". — Como podem aquelas casas não terem banheiro? Notei também que eles são todos chamados de "bugres", um tratamento muito desrespeitoso. Ninguém tem nome?

David não estava brincando nem sendo irônico.

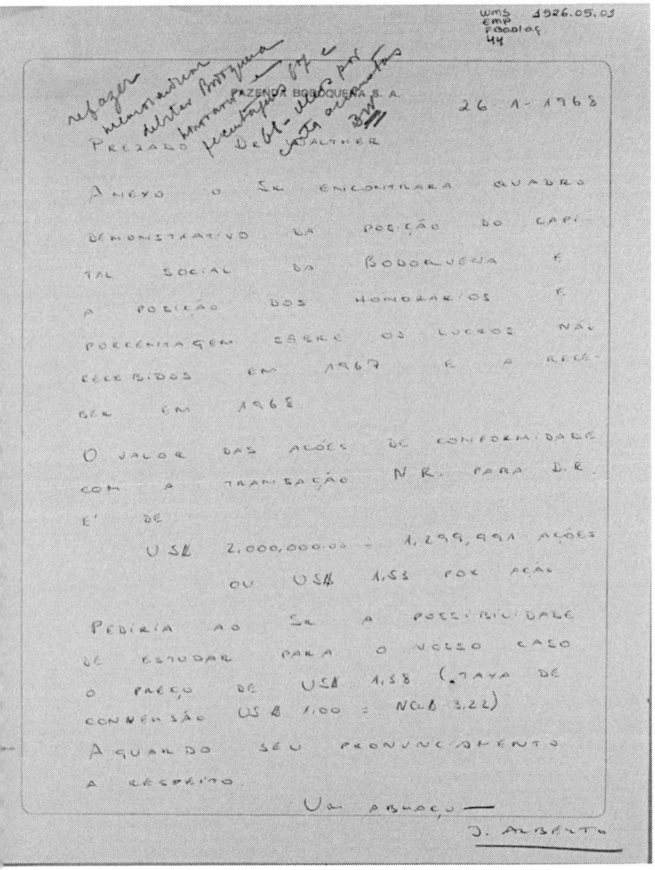

FAZENDA BODOQUENA S. A.

26-1-1968

Prezado Dr. Walther

Anexo o Sr. encontrará quadro demonstrativo da posição do capital social da Bodoquena e a posição dos honorários e porcentagem sobre os lucros não recebidos em 1967 e a receber em 1968.

O valor das ações de conformidade com a transação N.R. para D.R. é de

US$ 2,000,000.00 – 1,299,991 ações

ou US$ 1,53 por ação

Pediria ao Sr. a possibilidade de estudar para o nosso caso o preço de US$ 1,38 (taxa de conversão US$ 1,00 = NCr$ 3,22)

Aguardando seu pronunciamento a respeito.

Um abraço —

J. Alberto

Em carta manuscrita encaminhada ao embaixador, Camargo detalha sua proposta de aquisição de ações da Bodoquena e propõe uma taxa de conversão mais vantajosa.
Acervo Instituto Moreira Salles

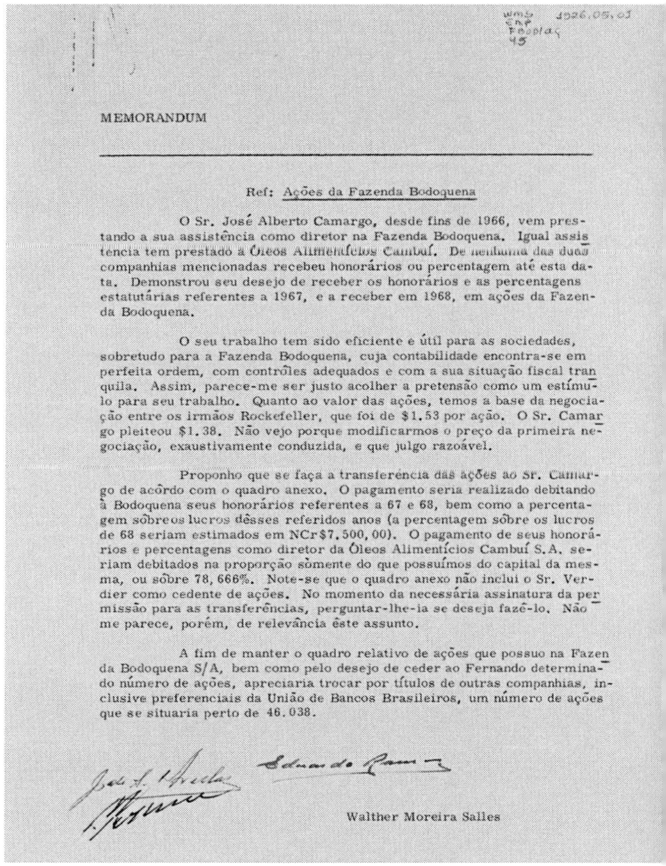

MEMORANDUM

Ref: Ações da Fazenda Bodoquena

O Sr. José Alberto Camargo, desde fins de 1966, vem prestando a sua assistência como diretor na Fazenda Bodoquena. Igual assistência tem prestado à Óleos Alimentícios Cambuí. De nenhuma das duas companhias mencionadas recebeu honorários ou percentagem até esta data. Demonstrou seu desejo de receber os honorários e as percentagens estatutárias referentes a 1967, e a receber em 1968, em ações da Fazenda Bodoquena.

O seu trabalho tem sido eficiente e útil para as sociedades, sobretudo para a Fazenda Bodoquena, cuja contabilidade encontra-se em perfeita ordem, com contrôles adequados e com a sua situação fiscal tranquila. Assim, parece-me ser justo acolher a pretensão como um estímulo para seu trabalho. Quanto ao valor das ações, temos a base da negociação entre os irmãos Rockefeller, que foi de \$1.53 por ação. O Sr. Camargo pleiteou \$1.38. Não vejo porque modificarmos o preço da primeira negociação, exaustivamente conduzida, e que julgo razoável.

Proponho que se faça a transferência das ações ao Sr. Camargo de acôrdo com o quadro anexo. O pagamento seria realizado debitando à Bodoquena seus honorários referentes a 67 e 68, bem como a percentagem sôbreos lucros dêsses referidos anos (a percentagem sôbre os lucros de 68 seriam estimados em NCr\$7.500,00). O pagamento de seus honorários e percentagens como diretor da Óleos Alimentícios Cambuí S.A. seriam debitados na proporção sòmente do que possuímos do capital da mesma, ou sôbre 78,666%. Note-se que o quadro anexo não inclui o Sr. Verdier como cedente de ações. No momento da necessária assinatura da permissão para as transferências, perguntar-lhe-ia se deseja fazê-lo. Não me parece, porém, de relevância êste assunto.

A fim de manter o quadro relativo de ações que possuo na Fazenda Bodoquena S/A, bem como pelo desejo de ceder ao Fernando determinado número de ações, apreciaria trocar por títulos de outras companhias, inclusive preferenciais da União de Bancos Brasileiros, um número de ações que se situaria perto de 46.038.

Walther Moreira Salles

Walther Moreira Salles acolhe a proposta de participação acionária feita por Camargo, mas nega a alteração no preço da ação; a transferência das cotas permitiu que o vice-presidente virasse sócio do empreendimento em 1968, com 1% do capital.
Acervo Instituto Moreira Salles

— Preciso te contar a história da minha família e te explicar por que não posso continuar sócio de um empreendimento com essa filosofia.

Camargo foi convidado a visitar Pocantico Hills, a grande propriedade rural da família Rockefeller, quatro vezes maior que o Central Park, localizada uma hora ao norte de Manhattan. Lá, depois do jantar, David perguntou ao brasileiro se ele conhecia a história de seu avô.

— Todos sabem quem foi John D. Rockefeller, o fundador da Standard Oil — Camargo respondeu.

— A Standard Oil fez do meu avô o homem mais rico da América, mas também um dos mais odiados — David contou. — Ao mesmo tempo em que foi um grande investidor, provavelmente o maior de sua época, meu avô fechou os olhos para as condições de vida dos trabalhadores e consolidou a imagem de ganancioso. Distribuía moedinhas de 5 centavos pelas ruas, doava um décimo de sua renda para a Igreja Batista e era chamado de Barão Ladrão. Você já ouviu falar no massacre de Ludlow?

— Sim, David, foi uma fatalidade.

— Meu avô tinha participação numa mina de carvão na cidade de Ludlow, no Colorado. Mas ele não dava atenção a ela. Para ele, era apenas um investimento, uma forma de ganhar dinheiro. Por isso ele não percebeu quando a situação se tornou insustentável para os operários. Ou, se percebeu, não deu importância.

Ali, na mina de carvão controlada pelo avô de David, foi deflagrada uma greve em razão das péssimas condições de vida e de trabalho. Com a anuência do velho Rockefeller, a polícia acabou sendo chamada para acabar com os protestos e também com a greve. Sucedeu-se um dos episódios mais violentos e representativos da repressão policial contra trabalhadores na primeira metade do século XX, nos Estados Unidos. Morreram vinte e cinco pessoas, incluindo onze crianças.

Camargo escutava David com atenção. A essa altura, já sabia aonde o anfitrião queria chegar.

— Por tudo isso, José, eu não posso ser sócio em um empreendimento no Brasil onde as pessoas não trabalhem com dignidade — disse David. — É importante que as pessoas sejam chamadas pelo nome. A ausência de banheiro naquelas casas da Bodoquena e a forma como Maurício a justificou martelam até agora na minha cabeça.

David nunca mais voltou à fazenda. Nos anos seguintes, foi sempre representado por Paulo Reis de Magalhães, empresário e administrador paulista, conselheiro de empresas como a Rhodia e a Pirelli. Paulo Reis de Magalhães era o representante oficial de David no Brasil.

Camargo, por sua vez, voltou a encontrá-lo em Nova York. "Fui várias vezes convidado para almoçar ou jantar com ele, o que era sempre uma ocasião especial", lembra. Uma vez, num desses almoços na casa de David,

Camargo dividiu a mesa com um rapaz alemão e uma jovem holandesa recém-casados. Uma década depois, essa moça, Beatriz, seria coroada rainha da Holanda, ocupando o trono de sua mãe, a rainha Juliana.

As coisas que Camargo ouviu de David naquela noite em Pocantico Hills influenciariam para sempre sua postura como gestor, primeiro na vice-presidência da Bodoquena e, a partir de 1974, na presidência da Companhia Brasileira de Metalurgia e Mineração (CBMM). Já em 1970, as colônias da Bodoquena haviam sido reformadas, e todas as casas ganharam banheiros. Em 1976, um ano e meio após assumir a CBMM, uma das primeiras providências de Camargo foi encomendar um estudo sobre as condições de moradia dos funcionários da Companhia em Araxá (MG).

Dos trezentos empregados, quarenta viviam numa situação ainda mais precária do que a observada por David no Mato Grosso. Um deles era o operador de usina Sebastião de Paulo Eva. Sebastião vivia com a esposa e cinco filhos num barraco de 21 metros quadrados, quatro vezes menor que as casas da Bodoquena que Maurício apresentara a David com orgulho. Vivia num único cômodo, sem janelas nem instalações sanitárias. As paredes eram feitas de placas de concreto; e o telhado, de amianto.

Camargo reproduziu em Araxá a mesma indignação que David havia demonstrado na fazenda nove anos antes.

"Uma empresa que pretendia disputar espaço no mercado internacional não podia compactuar com aquela situação", lembra. "Apresentei o diagnóstico ao Dr. Walther, que demonstrou enorme preocupação com o cenário e foi enfático: 'faça o que for necessário'".

Na ocasião, o embaixador lembrou, com ironia, que, por sugestão do próprio Camargo, não havia mais conselho administrativo na Companhia. "Você tem autonomia para fazer o que for preciso para transformar a CBMM numa empresa modelo", disse.

Camargo deu início a um ousado projeto habitacional por meio do qual foram construídas duzentas e quatro casas num intervalo de dois anos, divididas em dois conjuntos residenciais. As casas tinham 100 metros quadrados, com três quartos cada uma. Todas com banheiro. Algumas famílias que, na ocasião, já eram mais numerosas, com quatro ou cinco filhos, foram beneficiadas com imóveis maiores. Em 1980, nenhum funcionário da companhia morava em situação precária.

Equacionado o déficit habitacional, o presidente da CBMM determinaria investimentos permanentes nas áreas educacional e ambiental. Já em 1980, foi inaugurado o Centro de Desenvolvimento Humano (CDH), uma escola de educação infantil para filhas e filhos de funcionários construída junto a um dos conjuntos residenciais e que viria a ensinar 9 mil crianças ao longo de quatro décadas.

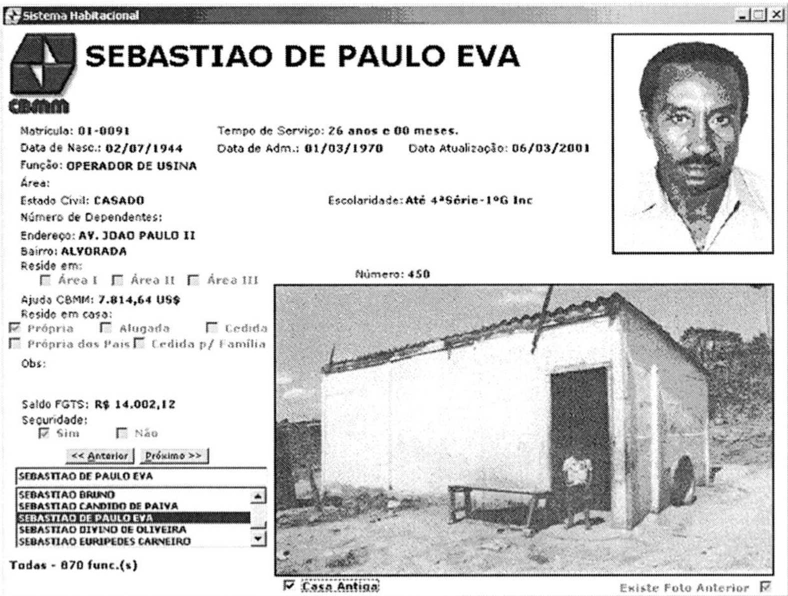

Acima, cadastro do funcionário Sebastião de Paulo Eva com destaque para fotografia da casa de 21 m2, sem janela, em que ele morava com a esposa e cinco filhos em 1976; abaixo, imóvel do conjunto habitacional inaugurado pela CBMM dois anos depois.
Acervo pessoal de José Alberto de Carvalho

Em 1986, Camargo fundou na CBMM o Centro de Desenvolvimento Ambiental (CDA), formado por um viveiro de plantas, um criadouro conservacionista e um núcleo de educação ambiental que passou a receber mais de mil alunos de escolas da região e turistas por ano. Antas, tamanduás, macacos, emas e veados, alguns deles recolhidos e trazidos por agentes do Ibama, recebem atenção e tratamento adequado de veterinários, zootécnicos e pesquisadores. Cursos, palestras, debates, eventos e outras atividades viraram rotina no CDA, quase sempre elaboradas com foco no bioma cerrado.

Anos depois, em 1999, Camargo doaria um casal de lobos-guarás, animais símbolos do cerrado criados no CDA, ao zoológico municipal de Xangai: um presente pelos cinquenta anos de formação da República Popular da China.

Todas essas iniciativas, da garantia de moradia adequada aos projetos educacionais e ambientais ainda hoje em funcionamento na Companhia, foram resultado do puxão de orelha que David deu em Camargo naquela viagem aos Estados Unidos.

Em abril de 1994, Camargo enviou de presente para David Rockefeller um exemplar do livro *Trabalhadores*, do fotógrafo brasileiro Sebastião Salgado, junto com uma carta em que lembrava o "incidente" de 1967. O presidente do Chase e antigo sócio da Bodoquena respondeu à carta semanas depois, em 4 de maio. "Gentileza sua me enviar o livro

30 Rockefeller Plaza
New York, N.Y. 10112

Room 5600 (212) 649-5600

May 4, 1994

Dear Jose:

How very nice to hear from you again. Even though I have been to Brazil a number of times in recent years, regrettably for me our paths have not crossed. Fortunately, I do see Walther Moreira Salles more frequently, especially now that he has an apartment in New York and gets here a few times a year.

I remember very vividly the days when we used to meet - sometimes in Fazenda Bodoquena and sometimes here in New York or in Sao Paulo. Those were interesting days, and I greatly enjoyed my involvement in Bodoquena with Walther and yourself. I think we were lucky to get Bob Anderson as a partner and still luckier to have sold when we did at the price we got.

How kind of you to have sent me Sebastiao Salgado's book called "Workers." Some of the photographs are, indeed, very moving and very distressing. It is hard to believe that human beings in this day and age allow other human beings to live and be treated the way many are in the photographs. The ones taken at Serra Pelada are especially upsetting.

You were kind to recall my own concern at the living conditions of some of our employees at Bodoquena, and I am glad you shared my feeling that something needed to be done about them. This seemed to me to be a natural reaction, but I was very glad that we were able to make some changes. It is good of you to remember those incidents and to write about them so many years later.

Do you ever get to New York these days? If so, I would be pleased if you would stop in to say hello. It would be fun to compare notes on some of the interesting times we shared in the past.

With warm regards,

Sincerely,

David Rockefeller

Mr. Jose Alberto de Camargo
Diretor Geral
Companhia Brasileira de Metalurgia e Mineracao
Avenida Presidente Juscelino Kubitschek, 1703
CEP 04 543 - Sao Paulo, Brazil

Em carta enviada a Camargo em 1994, David Rockefeller lembrou sua indignação diante das condições de moradia encontradas na Bodoquena em 1967: "Fico contente por você ter dividido comigo o sentimento de que alguma coisa precisava ser feita."
Acervo pessoal de José Alberto de Camargo

Trabalhadores, de Sebastião Salgado", escreveu ele. "Algumas das fotografias são, de fato, bastante comoventes e aflitivas. É difícil acreditar que seres humanos ainda permitam que outros seres humanos vivam e sejam tratados da forma mostrada nas fotografias. As imagens feitas em Serra Pelada são especialmente perturbadoras".

No livro, o fotógrafo registrara os olhares, as condições de vida e o cotidiano de diferentes grupos de trabalhadores, incluindo os garimpeiros que, nos anos 1980, sonharam enriquecer procurando ouro naquele que foi o mais famoso, superlotado, violento e degradante garimpo do Brasil, no Sudeste do Pará.

"Muito gentil da sua parte se lembrar da minha preocupação diante das condições de vida de alguns dos nossos empregados na Bodoquena", prosseguia a carta de David. "Fico contente por você ter dividido comigo o sentimento de que alguma coisa precisava ser feita em relação a eles. A mim, pareceu-me uma reação natural, mas me alegro por termos conseguido realizar algumas mudanças".

David Rockefeller. Foto: economics.uchicago.edu/Reprodução

seis

David Rockefeller

Seu irmão Winthrop foi duas vezes governador do Arkansas. Outro irmão, Nelson, governou o Estado de Nova York por quatro mandatos e, entre 1974 e 1977, foi vice-presidente dos Estados Unidos durante a gestão de Gerald Ford. Nenhum deles gozava do mesmo poder, exercia a mesma influência ou administrava fortuna semelhante à de David Rockefeller.

Quando Jimmy Carter foi eleito presidente dos Estados Unidos, em 1977, um de seus primeiros convites durante a montagem da equipe foi para que David assumisse o cargo de Secretário do Tesouro. David declinou. Ele já tinha se esquivado de convite semelhante quase uma década antes, quando o também republicano Richard Nixon foi eleito, em 1969, e se aventou a possibilidade de David assumir uma pasta. "Não creio que Nixon possa dar ordens a David Rockefeller", comentou um interlocutor, na época, convencido de que a nomeação não seria feita. "O que pode acontecer é justamente o contrário".

Anos antes, uma nota sobre a sucessão presidencial publicada em janeiro de 1965 na revista New Yorker afirmara que alguns dos mais importantes caciques do Partido Republicano concordariam em apoiar o nome de David para a Presidência naquele ano, desde que David demonstrasse interesse pelo cargo. David desconversou, como sempre: "Não conheço nada mais interessante do que a minha profissão."

Quem dedicasse meia hora a conferir os principais tópicos da atividade profissional de David Rockefeller, sua influência política e seu patrimônio, logo concordaria que a Casa Branca não representava nenhum atrativo para um executivo como ele. Em meados dos anos 1960, David presidia o Conselho de Administração do Chase Manhattan Bank, uma das instituições bancárias mais poderosas do mundo, então disputando mercado e prestígio com J. P Morgan, CityBank, Bank of America e HSBC.

Os Rockefeller tinham participação acionária num extenso rol de empresas que incluía companhias aéreas, ferrovias, siderurgias, refinarias de petróleo, supermercados e pelo menos uma emissora de TV e uma ótica. Boeing, National Steel, Pan Am e Bausch & Lomb eram algumas dessas empresas. "David Rockefeller é um dos integrantes desse reduzido grupo de homens colocados no centro da nação mais rica do mundo, os quais, com um simples movimento de cabeça, dão sinal de partida ou parada para todas as empresas, de Bonn a Bancoc", publicou a revista Time.

Para William Hoffman, autor de uma biografia não-autorizada do banqueiro, lançada em 1971, o Chase Manhattan Bank parecia ser um Estado soberano, "com a diferença de ter mais dinheiro do que muitos deles". Mantinha permanentemente um correspondente nas Nações Unidas, organização da qual era o banco oficial, sempre apto a estabelecer diálogos e influenciar as decisões dos conselheiros e relatores. "O Chase possui, ao todo, filiais ou correspondentes em mais de cinquenta países, onde realiza empréstimos e, assim, tem o maior interesse na manutenção da ordem estabelecida no ultramar, a fim de garantir a devolução do dinheiro emprestado", escreveu Hoffman. Não à toa, David foi duramente criticado por ativistas pela paz na virada dos anos 1970 por apoiar, inclusive com recursos, a invasão do Vietnã pelo Exército dos Estados Unidos.

David tinha trinta anos de idade e uma experiência de três anos na Segunda Guerra Mundial – a maior parte do tempo em operações de inteligência no Sudeste da França e no Norte da África, em países de colonização francesa como Argel e Marrocos – quando o exército alemão se rendeu e os aliados comemoraram o fim da guerra na Europa, dias após a morte de Hitler, em maio de 1945. David ainda processava a intensidade daqueles dias e analisava o cenário para decidir seu futuro quando recebeu em Paris a visita de seu tio Winthrop Aldrich. Irmão mais novo de sua mãe, Winthrop o convidou para ir trabalhar no Chase National Bank, que ele presidia.

Precursor do Chase Manhattan, o Chase National era popularmente conhecido como "o banco familiar dos

Rockefeller". Veterano de guerra e fluente em francês, o segundo-tenente David Rockefeller prometeu pensar com carinho no assunto. De volta a Washington em outubro daquele ano, David levou quase seis meses até aceitar o convite. Em abril de 1946, assumiu o posto de gerente assistente no Departamento de Negócios Estrangeiros do banco, com salário anual de US$ 3,5 mil, o equivalente a US$ 46 mil em 2020, cerca de R$ 16 mil por mês.

No banco, David tinha uma missão: aumentar a presença do Chase em outros países. Em meados dos anos 1940, o banco tinha apenas nove filiais em cidades da Europa e do Caribe. Na Europa, eram apenas duas, uma em Londres e outra em Paris. Na América Latina, havia agências em Cuba, Panamá e Porto Rico, e duas pequenas representações dedicadas a operações de financiamento de comércio exterior, uma na Venezuela e outra no México. Em 1948, após três anos dando nó em pingo d'água para ampliar a atividade das agências de Londres e Paris, David pediu transferência para a seção responsável pela América Latina. Agora, tinha uma nova obsessão: expandir a presença do Chase na região.

Por dois anos, David dedicou-se com absoluta competência à tarefa de conhecer as culturas locais e buscar estratégias para ampliar a presença do banco nesses mercados. Em sua cartilha pessoal, estabelecera uma fórmula que dizia mais ou menos o seguinte: para que os cidadãos e os governos desses países confiem no banco, é preciso estar disposto a participar da economia desses países. David observava o avanço de projetos nacionalistas em toda a América Latina e entendia que um banco estrangeiro só conseguiria fincar os pés de verdade nesses lugares se transmitisse a ideia de parceria, de contribuição. Para tanto, o Chase deveria se apresentar como um aliado de peso no desenvolvimento local.

Contratar, prestigiar e desenvolver mão-de-obra local foi um primeiro gesto com caráter pedagógico, numa época em que o costume era levar profissionais norte-americanos para trabalhar nesses países. Outra estratégia era criar linhas de crédito voltadas para investimentos de longo prazo em infraestrutura, e não apenas na próxima safra, o que contribuiria para melhorar a capacidade de compra e ampliar a circulação do capital nos anos seguintes. Uma terceira estratégia utilizada pelo Chase foi destinar crédito em condições especiais para incentivar a diversificação, uma forma de prevenir perdas volumosas de recursos na eventualidade de uma commodity sofrer desvalorização mundial em determinado ano, sobretudo em países com economia dependente unicamente de um ou dois produtos: carne e couro na Argentina, cana de açúcar em Cuba, derivados de petróleo na Venezuela, café na Colômbia...

Os resultados foram imediatos em Porto Rico, Panamá e Cuba, a ponto de, em 1950, apenas dois anos após ingressar no banco, David ser promovido a vice-presidente do Chase para a América Latina.

No Brasil, o Chase se estabeleceu apenas em 1962, por meio de uma participação acionária em um banco hipotecário. David Rockefeller narra o episódio em suas memórias, publicadas em 2002. "Durante algum tempo, tentei firmar a presença do Chase no Brasil, a maior e mais promissora economia da América Latina", escreveu. "Nosso fracasso em fazê-lo foi particularmente frustrante, porque muitos homens de negócios brasileiros compreendiam que o capital estrangeiro era essencial para seu crescimento e diversificação econômica".

Foi por intermédio de seu irmão Nelson Rockefeller que uma janela de oportunidade se abriu no início dos anos 1960. "Em 1961, um sócio de Nelson informou-me que Antonio Larragoiti, presidente da Sul América, a maior companhia de seguros da América do Sul, queria vender uma participação majoritária em sua subsidiária bancária brasileira, o Banco Hipotecário Lar Brasileiro", conta David. "Embora o Banco Lar fosse pequeno para os padrões brasileiros, era bem gerenciado e lucrativo, então imediatamente entrei em contato com Larragoiti, que confirmou que estava disposto a vender 51% das ações de seu banco por US$ 3 milhões (US$ 25,8 milhões em 2020, ou R$ 108 milhões)".

O valor era uma pechincha, mas a diretoria do banco se dividiu em relação à compra. Parte dos diretores afirmava que o risco era muito grande devido à instabilidade política no Brasil, sobretudo sob governo João Goulart, recém-empossado após a renúncia de Jânio Quadros. Segundo David, a tensão era justificável, uma vez que Jango era "um populista com fortes convicções socialistas". "Não se podia saber ao certo como as coisas se desenrolariam, e claramente nossa compra envolvia risco", escreveu. "Mas o baixo preço refletia esse risco e, em minha opinião, se tivéssemos de esperar até que surgisse um país sem riscos, nunca iríamos a lugar algum". O conselho do banco aprovou a compra em abril de 1962 e, em 1980, fomos autorizados pelo Banco Central a adquirir o resto das ações, saltando de 51% do capital para 100%. Pouco tempo depois, optou-se por substituir o nome Banco Lar por Banco Chase Manhattan, que chegou ao ano 2000 com ativos de mais de US$ 1,1 bilhão (US$ 1,6 bilhão em 2020, ou R$ 6,7 bilhões). Quando publicou suas memórias, em 2002, David Rockefeller se vangloriava de ter feito um excelente negócio. "Nada mal para um investimento inicial de US$ 3 milhões", escreveu.

Naqueles turbulentos anos 1960, o controle acionário do Banco Lar não era a única coisa a ligar David e Brasil. A Bodoquena contribuiu muito para isso. Também uma das filhas de David, chamada Peggy como a mãe, teve participação nessa aproximação. Em julho de 1965, um mês antes de dar início à graduação no Radcliffe College, em Cambridge, Peggy Dulane Rockefeller veio passar uma temporada no Rio, aceitando um convite do casal Israel e Lina Klabin. Mas impôs uma condição: queria fazer algo de útil enquanto estivesse aqui. Dito e feito. Logo após sua chegada, Peggy se juntou a um grupo de antropólogos que estudava as favelas do Rio.

Entusiasmada com a oportunidade e crítica ferrenha da enorme desigualdade de renda perpetrada por um sistema que, segundo a adolescente, proporcionava enorme riqueza à sua família enquanto condenava multidões à fome e à miséria, Peggy voltou ao Rio em 1966 e 1967, ganhou fluência em português e, na última temporada, optou por se hospedar na casa de uma família brasileira na comunidade do Jacarezinho. Na primeira década do século XXI, já sexagenária, Peggy podia ser vista com relativa frequência em visita ao Rio de Janeiro, cidade da qual nunca se desvinculou totalmente.

Entre 1964 e 1968, David presidiu uma organização formada por homens de negócios quase sempre aposentados que dedicam parte de seu tempo a ensinar técnicas de administração a empresas de países em desenvolvimento, o Corpo Internacional de Serviços Executivos. Somente em 1968, essa organização realizou setenta e três projetos no Brasil. Em 1965, David assumiu a presidência de outra organização, o Conselho para a América Latina, que congregava representantes de mais de duzentas companhias dos Estados Unidos, responsáveis por 80% de todo o investimento norte-americano na região.

Em todos os países onde atuou, e sob os mais diversos modelos de governo, David Rockefeller sempre foi um estrategista político, embora jamais tenha disputado um cargo eletivo. Ao longo de pelo menos quatro décadas, foi responsável por sugerir, indicar ou nomear um sem-número de ministros e assessores nos mais diversos escalões da administração pública, tanto sob governos republicanos, seus preferidos, quanto democratas. John F. Kennedy foi um dos democratas que mais consultaram David e mais seguiram suas recomendações. Atribui-se a ele a reforma fiscal que reduziu de 52% para 48% a alíquota de imposto paga pelas corporações nos Estados Unidos, entre 1964 e 1965.

No âmbito internacional, o presidente do Chase atuou muitas vezes como um influente diplomata em missão extraoficial. Em suas viagens, David preocupava-se essencialmente em defender os interesses do banco e de seus acionistas, como declarou publicamente, sem rodeios, em mais de uma ocasião. Os benefícios à nação vinham de brinde. Em 1964, por exemplo, no auge da Guerra Fria, David visitou a União Soviética e teve uma conversa reservada de mais de duas horas com Nikita Khrushchev, primeiro-secretário do Partido Comunista e chefe máximo do país. Dois anos depois, os Estados Unidos aumentaram suas relações comerciais com a União Soviética e muitos analistas atribuíram a novidade ao que fora discutido naquela audiência.

Como comparação, o presidente John F. Kennedy estivera em Moscou para se encontrar com Khrushchev em junho de 1961 e não obtivera nem metade do que David conseguiu amealhar. Ao contrário, a relação entre Estados Unidos e União Soviética viveria um de seus piores momentos durante o governo Kennedy, culminando na crise dos mísseis, um conflito deflagrado entre os dois países após a descoberta de mísseis soviéticos em Cuba, em outubro de 1962. "Realmente, para David Rockefeller a Presidência dos Estados Unidos seria uma diminuição", escreveu o biógrafo Hoffman.

David nasceu em 1915 na família mais abastada de Nova York. Era filho caçula do financista John D. Rockefeller Jr., o Júnior, e neto do velho magnata do petróleo John D. Rockefeller, fundador da insuperável Standard Oil.

A primeira residência de David foi um palacete de oito pavimentos no número 10 da West 54th Street, em Manhattan, o maior edifício residencial habitado por uma única família já construído na cidade. Desde pequeno, no entanto, David preferia se hospedar em Pocantico Hills, uma vasta propriedade rural com 1.500 hectares – nove vezes o tamanho do Parque do Ibirapuera, em São Paulo, ou cinco vezes a área do Central Park, em Nova York – localizada 45 quilômetros ao norte de Manhattan. Ali, o velho John construíra uma mansão e a batizara de Kykuit, palavra holandesa que significa atalaia, sentinela.

Estabelecido em Clevelend, Ohio, e com escritórios em Nova York, John D. Rockefeller tinha setenta e cinco anos e havia se aposentado da Standard Oil havia mais de quinze quando

Kykuit ficou finalmente pronta, em 1913, o que permitiu que ele se mudasse definitivamente para lá. John viveria em Kykuit por vinte e quatro anos, até sua morte, em 1937. Anos mais tarde, foi o filho Nelson que se instalou na propriedade.

Quando David nasceu, portanto, Pocantico Hills era a casa do vovô. Nos dias ensolarados, David podia subir numa colina e, do alto, enxergar não apenas o Rio Hudson, mas também o Harlem e, eventualmente, o Bronx.

Kykuit era uma mansão construída em pedra, com quatro andares e cinquenta cômodos, dotada de ar-condicionado em todos os ambientes e de elevadores instalados para transportar a família entre um pavimento e outro. Cercada por altas muralhas e com vigilância ostensiva vinte e quatro horas por dia, a área externa incluía campo de golfe, piscina, salão de jogos e bilhar, diversos jardins, um templo japonês, confortáveis caramanchões e até um ginásio de esportes com quadras de tênis e pista de boliche. Na juventude de David, Pocantico Hills era percorrida por duas dezenas de cavalos, um pequeno rebanho de gado e outro de ovelhas, patos e gansos. Cerca de quinhentas pessoas trabalhavam na manutenção e na gestão da propriedade.

Criado na Igreja Batista, David foi o mais discreto e reservado de seus irmãos ao longo de toda a infância e adolescência. Sério e compenetrado, gostava de ficar sozinho e estudar, hábitos não muito comuns entre os irmãos. Emendou a graduação em Harvard com um mestrado na London School of Economics e um doutorado em ciências econômicas na Universidade de Chicago, concluído sem distinção em 1940, mesmo ano em que se casou com Margaret "Peggy" McGrath. Ambos tinham vinte e cinco anos.

David havia acabado de assumir a presidência do Chase Manhattan, em 1960, quando foi inaugurada a nova sede do banco, o Chase Manhattan Bank Plaza, uma torre envidraçada com sessenta e quatro andares e cinco pavimentos subterrâneos na região central de Nova York. A construção do prédio, iniciada em 1954, confirmou a soberania de David perante o conselho de administração do banco. "Quase todos os diretores julgavam o empreendimento por demais oneroso, desnecessário e, além disso, a ser erguido numa zona que vinha sendo abandonada por outras empresas", registrou o biógrafo William Hoffman. "No entanto, como David era o maior acionista do banco e sua família controlava aquela área, coube-lhe a palavra final".

Os novos escritórios ficaram prontos em seis anos e consumiram US$ 125 milhões (cerca de US$ 1 bilhão em valores de 2020, ou R$ 4,2 bilhões). Oito anos depois, iniciava-se em 1968 outra obra com proporções faraônicas no entorno de Wall Street, também sugerida por David. Mais uma vez, o banqueiro não poupou esforços para convencer os acionistas e outros investidores a apoiar a obra. Resultado: em 4 de abril de 1973 foi inaugurado oficialmente um enorme complexo empresarial chamado World Trade Center, também em Downtown. Ali estavam localizadas as duas torres mais altas do mundo até então, as Torres Gêmeas, cada uma com cento e dez andares. No final da década de 1970, o World Trade Center abrigava quatrocentas e trinta empresas e recebia, num dia de semana padrão, 50 mil funcionários e 140 mil visitantes. As Torres Gêmeas seriam implodidas em 11 de setembro de 2001, após serem atingidas por duas aeronaves pilotadas por terroristas ligados a uma organização fundamentalista islâmica.

David Rockefeller morreu com cento e um anos, em março de 2017.

sete

Pele grossa

Maurício Verdier vendeu sua participação na Bodoquena em 1970. Seu último dia como superintendente foi 24 de dezembro daquele ano, véspera de Natal. Passados quatro anos desde a entrada de Camargo, chegara finalmente o dia em que ele e Lizá juntaram os cachorros e pegaram o avião da Vasp pela última vez rumo a São Paulo.

Não foi uma negociação fácil. Aquela fazenda era a vida de Maurício. Foram quinze anos morando ali, vigiando aquelas terras, voando aquele céu. Ao mesmo tempo, ele já demonstrava impaciência e cansaço com aquilo. Beirando os setenta anos, chegara a hora de passar o bastão.

Quem substituiu Maurício na superintendência da Bodoquena foi Alexandre Machado Ferreira. Alexandre já trabalhava na fazenda desde 1966, como braço direito de Maurício. Agrônomo, ele era filho de outro Alexandre Machado Ferreira, um dos primeiros funcionários da Casa Moreira Salles, em Poços de Caldas, ainda sob o comando de João Moreira Salles, o pai do embaixador. Mais uma vez, prevalecia a cultura da sucessão familiar: assim como Walther dera continuidade ao ofício do pai e Camargo substituíra o pai dele, o grupo buscara um sucessor para Maurício ali mesmo no grupo, agora inaugurando a terceira geração.

Alexandre-pai morrera muito novo, aos trinta e sete anos, vítima de um câncer no fígado. Quando Alexandre-filho ficou órfão, ainda em idade escolar, o pai de Camargo tornou-se uma espécie de tutor do menino. Seu Agenor matriculou Alexandre no Colégio Marista Arquidiocesano, então um internato na Vila Mariana, em São Paulo, e continuou atuando como arrimo do rapaz quando ele se mudou para Piracicaba a fim de cursar a Escola Superior de Agronomia Luís de Queirós. O jovem tinha acabado de se formar quando se mudou para o Mato Grosso. Era um rapaz franzino, brincalhão. Tinha vinte e sete anos quando foi nomeado superintendente. Quando Maurício Verdier foi se despedir de Walther Moreira Salles, no final de 1970, arriscou uma última provocação:

— Walther, estou deixando a fazenda e não devo dar palpite — desculpou-se —, mas para comandar a Bodoquena é preciso ser forte. Não é lugar para homens baixinhos.

Walther, com presumíveis 1,60 metro, apenas sorriu. Maurício, com 1,90 metro, virou as costas e partiu.

Sob a batuta de Alexandre, na seção Guaicurus, e de Camargo, diretamente de São Paulo, a fazenda ingressou numa nova etapa de desenvolvimento e produção. A meta era focar e expandir. Já em 1970, por exemplo, todo o rebanho de búfalos da Bodoquena, pouco mais de trezentas cabeças, foi vendido. Não fazia sentido desperdiçar tempo e atenção com outra espécie que não fosse gado bovino. A venda rendeu US$ 20 mil na época, o equivalente a US$ 133 mil em 2020, mais de meio milhão de reais.

Em paralelo, a diretoria instituiu um audacioso plano de metas para a década que se iniciava. Entre os compromissos acertados por diretores e acionistas constavam desafios como construir 16 novos reservatórios de água, quintuplicar a área dedicada a pastagem – de 8 mil para 40 mil hectares cobertos com capim colonião – e aumentar o estoque de rezes, então com 56 mil cabeças.

Aos poucos, conforme as metas foram sendo alcançadas, aumentava a curiosidade da classe empresarial sobre aqueles rincões do Mato Grosso e, em particular, sobre a fazenda dos gringos, como muitos se referiam à Bodoquena, em razão dos sócios David Rockefeller e Bob Anderson. Em 1973, aquela que talvez fosse a mais experiente dupla de repórteres da imprensa brasileira esteve na região para ver de perto a Pantaneira (BR-262), estrada de terra inaugurada três anos antes entre Campo Grande e Corumbá.

José Hamilton Ribeiro, no texto, e Walter Firmo, na fotografia, também queriam apresentar aos leitores da revista Realidade o projeto da Transpantaneira, uma estrada projetada para ligar Corumbá a Cuiabá, já ao Norte do Pantanal. Quando a reportagem foi publicada, esse segundo pedaço de rodovia era apenas um esboço nas pranchetas do Departamento de Estradas de Rodagem do Mato Grosso, e que acabou sendo abandonado pouco depois. Passados quase cinquenta anos, a mítica Transpantaneira (MT-060) chegou a 2020 como um pequeno trecho incidental ligando as cidades de Poconé a Porto Jofre, com menos da metade da extensão prevista e sem adentrar o coração do Pantanal.

Fato é que, de passagem pela Bodoquena em 1973, Zé Hamilton e Walter Firmo conheceram Alexandre e sua mulher, Teresa, rodaram a fazenda e entrevistaram o peão Crescêncio, que contou a eles sobre a maior inundação que seus olhos haviam visto por aquelas bandas, quando o pasto virou represa e a BR-262 virou dique. Bois e animais selvagens – cervos, lobos, veados, tamanduás, cobras, tatus, quatis – foram arrastados pela correnteza e transformaram o aterro da rodovia em refúgio: o primeiro lugar seco que os bichos encontraram para descansar e se recompor. "Logo a notícia correu e passaram a chegar caçadores armados, promovendo uma verdadeira matança", contou Crescêncio. "Os bichos estavam tão cansados de nadar que nem corriam mais. Os caçadores podiam encostar a espingarda na cabeça e dar o tiro".

Uma foto de Teresa foi publicada na reportagem, que ocupou trinta e seis páginas da edição de julho de 1973. Na imagem, uma jovem de vinte e poucos anos, cabelos lisos e loiros, conduz um jipe, seguida por homens a cavalo. "Teresa criou-se na rua Augusta, em São Paulo, mas diz-se perfeitamente adaptada à vida de fazenda", diz a legenda. "Uma vez por ano vai a São Paulo e resolve suas compras nas butiques de Campo Grande".

Como a fazenda ficava isolada das cidades, todas as refeições eram servidas pela administração. Alexandre fazia as compras em Campo Grande uma vez por mês, quase sempre no mesmo armazém, contratado por antecipação, e despachava toneladas de alimento de trem para a fazenda, onde era distribuída entre as seções e os alojamentos.

A primeira refeição do dia era a maria-chica: um desjejum preparado com arroz e charque, numa versão pantaneira (e grudenta) do arroz-de-carreteiro, além de café e, às vezes, pão. Tomava-se leite e, principalmente entre os peões paraguaios, tererê – um chá de erva mate bebido frio na cuia do chimarrão. O café da manhã tinha de ser reforçado para dar sustança. Nas comitivas, que era o nome que se dava ao grupo de peões que saía para buscar determinado rebanho e tocar a boiada entre uma invernada e outra, a maria-chica era o alimento do dia todo. Ia no embornal, em quantidade suficiente para as três refeições. Comia-se pela primeira vez às cinco horas da manhã, antes de pôr o pé na estrada. Almoçava-se por volta das dez e meia e jantava-se no meio da tarde.

Teresa, mulher do diretor da Fazenda Bodoquena, uma das maiores do Pantanal — cerca de 300 000 hectares e 70 000 reses. Teresa criou-se na rua Augusta, em São Paulo, mas diz-se perfeitamente adaptada à vida de fazenda. Uma vez por ano vai a São Paulo e resolve suas compras nas butiques de Campo Grande.

48

Em 1973, a revista Realidade publicou uma reportagem especial sobre as fazendas da região do Pantanal. Teresa, esposa de Alexandre, aparece guiando um jipe pelas estradas da Bodoquena numa das fotos da matéria. Segundo a legenda, a jovem se dizia "perfeitamente adaptada à vida de fazenda".
Reprodução.

Também comia-se peixe, pescado no Rio Miranda e em seus tributários, incluindo a rebelde piranha, frita ou em caldo. Jacaré e tatu também compunham a dieta dos peões, mas apenas quando caçados por ali, sem a intermediação da empresa.

Mas o que realmente fazia a alegria dos peões eram os churrascos, realizados em datas comemorativas. Quando era época de castrar os novilhos, a excitação começava uma semana antes. Por quê? Porque seria improvisado um churrasco com os bagos! Carnes mais nobres eram servidas em dia de festa.

Nos anos 1970, havia na Bodoquena a tradição de se fazer um grande churrasco no dia de Natal. Juntavam-se os duzentos funcionários, de todos os níveis hierárquicos, e havia distribuição de brinquedos adquiridos diretamente da fábrica para todas as crianças. As famílias também ganhavam cestas de Natal. Mandava-se abater um boi para o almoço e o bicho era retaliado ali mesmo, no curral. A lenha era disposta numa grande vala no chão, e as carnes, enfiadas em grandes galhos de árvore que faziam as vezes de espetos.

Não se desperdiçava nenhuma parte do animal. Alexandre fazia o teste da pele grossa. Separava um pedaço do bucho, passava ligeiramente os dedos para retirar o excesso de restos alimentares de dentro daquele estômago, e punha para grelhar. Quem ousasse provar era "pele grossa". Quem recusasse era "pele fina".

Em outra versão da mesma sondagem, o superintendente se aproximava do grupo com uma cobra nas mãos. Quem se afastasse com medo era "pele fina". Quem não se abalasse era "pele grossa". Os que faziam carinho na serpente ganhavam menção honrosa.

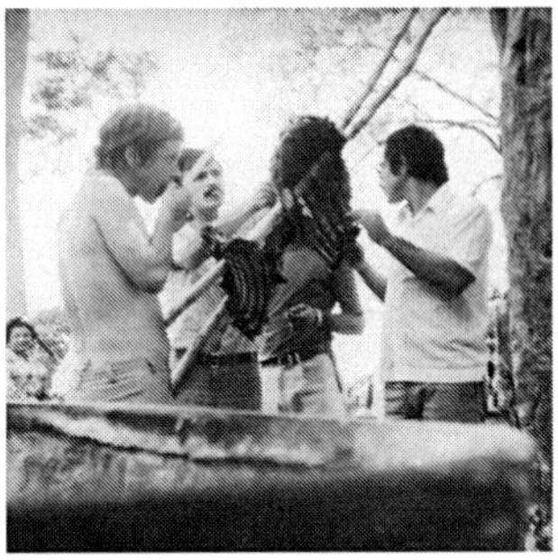

Os churrascos na fazenda eram sempre momentos festivos, com direito a carne assada na vala, caipirinha para todos (os adultos) e até discurso do Alexandre em cima da mesa. Na última foto, com Teresa e as três filha (a mais nova, na barriga da mãe).
Acervo Pessoal de Antonio Siviero

A Bodoquena nunca foi lugar adequado para quem é "pele fina". Mais do que as cobras ou certas iguarias gastronômicas, o que mais incomodava eram os insetos. O calor e a umidade tornavam o ambiente verdadeiro criadouro de mosquitos. Certos mutuns não encontravam resistência sequer em calça jeans e picavam as pernas através do tecido. Eventualmente, algum morcego se acomodava num canto da casa, normalmente entre o forro e as vigas. Aranhas rodeavam a varanda e, com relativa frequência, passeavam pelas janelas. Uma vez, conversando com Maurício no alpendre enquanto bebericava um uísque num fim de tarde, despreocupado de tudo, Camargo sentiu um impacto violento no ombro, seguido de um peso enorme.

— Não se mexa — Maurício ordenou, categórico, olhando para o hóspede.

Era uma aranha que havia despencado do telhado e permanecia ali, a um palmo de distância de sua boca. Maurício se aproximou lentamente e – paft! – desferiu um tapa na aranha, forte o suficiente para atirá-la longe.

A saída de Maurício foi antecedida por um novo processo de adaptações no quadro social da fazenda. No início de 1968, Camargo havia negociado seus honorários de quase dois anos, período em que acumulara a atividade na Bodoquena com a atividade na Carbocloro sem receber remuneração adicional, e trocou os salários atrasados por 1%

das ações do empreendimento. No ano seguinte, David e Walther compraram os 20% de ações que pertenciam a Maurício, num desenho em que o controlador do Banco Moreira Salles – transformado em Unibanco em 1975 – ficou com 50% das ações, David com 49% e Camargo com 1%. Ainda em 1969, David resolveu vender metade de sua participação e estabeleceu que Walther e Camargo escolheriam o novo sócio. Ele, David, daria sugestões.

Camargo foi duas vezes aos Estados Unidos no segundo semestre de 1969 para encontrar candidatos à sociedade. Numa das viagens, esteve em Illinois para conhecer a John Deere e se reunir com seus representantes legais, interessados em adquirir parte das ações da Bodoquena. John Deere é o nome de uma multinacional de máquinas e implementos agrícolas. Quem sabe o novo sócio do Dr. Walther e de David não seria o presidente mundial da empresa, William Hewitt? Papo vai, papo vem, Camargo acabou indo conhecer o segundo interessado.

Robert O. Anderson era dono do maior confinamento de gado dos Estados Unidos em número de rezes e também da maior fazenda contínua. Foi David Rockefeller quem falou sobre Bob Anderson, como era conhecido, para Walther Moreira Salles e sugeriu seu nome como possível sócio. Em carta endereçada a Walther em 3 de fevereiro de 1969, meses antes da transação ser efetivada, David comentava sobre uma possível visita de Bob Anderson à Bodoquena, em abril, e destacava algumas das vantagens de tê-lo como parceiro. "Não faço a menor ideia se Bob vai querer realmente se juntar a nós na fazenda, ou se você vai considerar atraente esta possibilidade", escreveu o sócio de Nova York, "mas ele sabe muito sobre criação de gado e eu acredito que será valioso ouvir suas observações, independentemente do que possa resultar dessa visita".

Deu certo. Bob Anderson comprou metade das ações de David e entrou para o quadro societário da Bodoquena. Agora, Walther continuava com 50% das ações, enquanto David e Bob tinham 24,5% cada um. Camargo mantinha seu 1%.

Bob Anderson em Aspen, EUA, 1976. Foto: Berko/University of Chicago Photographic Archive/Special Collections Research Center/University of Chicago Library

oito

Bob Anderson

Quem visse Bob Anderson de paletó de tweed e gravata borboleta, elegante em seus quase 1,90 metro e pinta de galã da Metro, dificilmente arriscaria supor que aquele aprumado magnata do petróleo gostava mesmo era de calçar as botinas e ir para a roça.

Fundador e presidente da Atlantic Richfield Company (Arco), a oitava maior companhia petrolífera dos Estados Unidos nos anos 1960, Robert Orville Anderson tinha cinquenta e um anos quando sua empresa, em parceria com a Exxon, descobriu o maior campo de petróleo da América do Norte, na Baía de Prudhoe, Alasca, em março de 1968. Graças à sua teimosia.

Àquela altura, não eram poucos os diretores e especialistas que sugeriam a Bob Anderson levantar acampamento e voltar para casa. A região, conhecida como North Slope, no extremo norte do Alasca, vinha sendo perfurada havia muito tempo por equipes da Arco, da Exxon e também da British Petroleum (BP), além de companhias menores. Estudos de prospecção indicavam que os depósitos estavam ali, em algum lugar do subsolo. Mas dezenas de torres de perfuração já haviam sido instaladas e nada.

Bob Anderson nunca foi do tipo que joga a toalha. Sugeriu aos técnicos que mandassem perfurar um último poço. A sorte poderia virar a qualquer momento. E, se os estudos geológicos estivessem corretos, ninguém ali se sentiria confortável em lidar para o resto da vida com a fama de partir em retirada deixando para trás a maior reserva de petróleo do país.

De repente, no dia 12 de março de 1968, o ouro negro jorrou na Baía de Prudhoe. Foi uma euforia de proporções hemisféricas, amplificada por cifras monumentais. Com 86 mil hectares – o dobro do tamanho de Curitiba, capital do Paraná –, o campo continha originalmente 25 bilhões de barris de petróleo, dos quais 13 bilhões aptos à extração com a tecnologia conhecida na época. Grosso modo, havia ali duas vezes mais petróleo que no East Texas, até então o maior campo em exploração nos Estados Unidos, com 57 mil hectares e 7 bilhões de barris de volume recuperável.

O campo do Alasca tinha uma desvantagem: a enorme dificuldade em tornar sua exploração economicamente viável. A distância, o inverno rigoroso, as características do solo a apenas 400 quilômetros do Polo Norte, a dificuldade em atrair mão de obra especializada, tudo isso encarecia demais a operação, de modo que, nos primeiros anos após a descoberta foram feitas apenas extrações destinadas a testes científicos e econômicos. Até que, passados cinco anos, um novo vento soprou do Oriente.

Em outubro de 1973, os norte-americanos foram surpreendidos com a notícia de que os países árabes produtores de petróleo haviam decretado um embargo na venda do produto como reprimenda pelo apoio dos Estados Unidos a Israel durante a guerra do Yom Kippur. Reunidos na Organização dos Países Exportadores de Petróleo (OPEP), Irã, Síria, Egito, Arábia Saudita e outros países revisaram os contratos de comércio com os Estados Unidos e impuseram um aumento de até 400% no preço do barril.

Os olhos voltaram-se imediatamente para as reservas nacionais. De uma hora para outra, o petróleo do Alasca virou opção. Um consórcio formado desde 1968 por Arco, Exxon e BP para explorar o novo campo apresentou um projeto ousado: a construção de uma estrutura de extração e transporte de petróleo capaz de baratear a produção e viabilizar seu aproveitamento econômico. De 1974 a 1977, uma joint-venture de sete petrolíferas construiu o gigantesco Trans-Alaska Pipeline System. Com 1.288 quilômetros e doze estações de bombeamento, o oleoduto cortava o Estado de norte a sul, ligando o oceano ártico ao golfo do Alasca, onde embarcações chegariam com mais facilidade. A operação comercial foi finalmente iniciada em junho de 1977. Dois anos depois, o campo da Baía de Prudhoe produzia 1,5 milhão de barris por dia. Um recorde.

Nascido em 1917, filho de um banqueiro de ascendência sueca, Bob Anderson parecia predestinado a bater recordes. No início dos anos 1970, ele não apenas era sócio no maior campo de petróleo dos Estados Unidos como conquistara o título de maior proprietário rural individual do país. Ao longo de duas décadas, Bob havia adquirido uma pequena coleção de fazendas distribuídas entre Texas, Novo México, Wyoming e Colorado. Juntas, as propriedades ultrapassavam 1 milhão de acres em 1970. Em números precisos, Bob Anderson possuía vinte e oito fazendas que, juntas, somavam 1.135.000 acres, o equivalente a 460 mil hectares, ou 460 quilômetros quadrados. Três vezes a área do município de São Paulo.

Segundo uma reportagem da revista *People* publicada em 1976, Anderson regia um rebanho com 30 mil cabeças de gado bovino, a maioria das raças Hereford e Brangus, e 12 mil ovelhas. Ele também era dono de um generoso plantel com algumas centenas de cavalos de raça e éguas destinadas à reprodução. Algumas de suas fazendas eram exclusivamente dedicadas à agricultura, principalmente de frutas, e em pelo menos uma delas, a Circle Diamond Ranch, no Novo México, Bob se dedicou à produção de triticale, um cereal híbrido desenvolvido a partir do cruzamento artificial de trigo e centeio, chegando a produzir em escala mundial dezessete variedades diferentes do cereal.

Nas fazendas, Bob Anderson tinha o hábito de proteger a calvície num icônico chapéu de cowboy da Stetson, tradicional fábrica fundada por John B. Stetson – que, segundo a literatura, tinha pouco mais de vinte anos quando migrou para o Oeste atraído pela corrida do ouro e produziu seu primeiro chapéu no Colorado, um modelo adotado por dez em cada dez mineiros e rapidamente transformado em sinônimo de "western".

Sobretudo, Anderson não poupava esforços para implementar o que houvesse de mais moderno em manejo e reprodução. Numa época em que a maioria dos criadores de gado adotava a pecuária extensiva, principalmente em grandes extensões, o presidente da Arco preferia investir em pecuária intensiva. Quando se associou a David Rockefeller e Walther Moreira Salles no quadro societário da Bodoquena, Bob já era famoso por conduzir o maior confinamento de gado das Américas.

Nos anos 1970, por meio de sua pessoa jurídica, a Diamond A. International, Bob Anderson teve participação acionária em empreendimentos agropecuários não apenas no Brasil, mas também em Madagascar, Irã e Austrália (onde os latifúndios superavam com frequência os 3 milhões de acres, uma monstruosidade se comparada com o latifúndio de Bob nos Estados Unidos ou mesmo com a Bodoquena). Também diversificou atividades e interesses, entre os quais a caça, a pintura de aquarelas e, é claro, a filantropia.

Ao longo da vida, Bob Anderson foi doador, diretor ou conselheiro de diversas instituições voltadas principalmente para a conservação ambiental e para a educação.

Seu engajamento mais duradouro foi com o Aspen Institute for Humanistic Studies, no Colorado. Bob começou dando suporte financeiro ao instituto em 1953, ano em que comprou uma casa de veraneio na cidade, e já em 1960 era empossado na presidência do conselho, posição que ocupou por quase trinta anos.

Na área ambiental, Bob fundou em Londres o Instituto Internacional para o Meio Ambiente e o Desenvolvimento, ajudou a estabelecer o John Muir Instituto Ambiental na Califórnia e o World Watch Institute em Washington, e dirigiu ou apoiou outras instituições, como The Nature Conservancy, além de contribuir para a organização da pioneira Conferência das Nações Unidas para o Meio Ambiente em Estocolmo, em 1972. O Instituto de Tecnologia da Califórnia, a Universidade de Chicago, o Museu de Arte de Los Angeles e o Museu de História Natural do Novo México foram outras organizações beneficiadas com seu engajamento.

Até no ramo editorial Bob Anderson deixou sua contribuição. Em 1976, salvou da falência o jornal dominical londrino *The Observer*, adquirindo 90% de suas ações por apenas 1 libra com a promessa de honrar dívidas, equilibrar as contas e aportar recursos em tecnologia e conhecimento. Quatro anos depois, fez o mesmo com a revista *Harper's*, uma das mais tradicionais dos Estados Unidos, viabilizando a fundação e o sustento da Harper's Magazine Foundation, responsável pela revista a partir de 1980.

Formado em economia pela Universidade de Chicago em 1939, mesmo ano em que se casou com Barbara Phelps, Bob foi trabalhar no escritório da American Mineral Spirits Company, uma subsidiária da Pure Oil. Dois anos depois, decidiu ingressar no ramo do petróleo, não mais como funcionário, mas como sócio. Para isso, obteve um empréstimo bancário de US$ 50 mil – o equivalente a US$ 875 mil em valores atualizados, ou R$ 3,7 milhões – e adquiriu em 1941 um terço do capital da Malco, uma pequena refinaria localizada em Artesia, no Novo México, com apenas doze funcionários.

Já em 1945, Bob Anderson escolheu morar na pequena Roswell, um município com menos de 50 mil habitantes a 65 quilômetros de Artesia, também no Novo México. Estabeleceu-se com a família numa propriedade rural com uma ampla sede de três pavimentos construída em estilo colonial espanhol, semelhante aos casarões de Nova Orleans, que Bob chamaria de casa até o fim da vida.

Ao longo de quinze anos, continuou comprando refinarias no sudoeste dos Estados Unidos, ao mesmo tempo em que investia tempo em dinheiro na busca por novas áreas de extração. Obteve sucesso em 1957, aos quarenta anos, quando descobriu o campo de Empire-Abo, no Novo México. No início dos anos 1960, Bob Anderson já podia se considerar um homem do petróleo. Tinha uma cartela discreta, mas digna, de refinarias e poços de extração sob seu comando. Em 1963, fundiu sua empresa com a Atlantic Refining Companhy, com sede na Filadélfia, e tomou posse como chairman dois anos depois. Naquele mesmo ano de 1965, à frente da Atlantic Refining, liderou duas outras fusões. A primeira delas, com a Richfield Oil de Los Angeles, resultou na Atlantic Richfield Company, a Arco. Meses depois, adquiriu a Sinclair Oil, o que bastou para que a Arco adentrasse o ranking das dez maiores petrolíferas dos Estados Unidos.

Quando se aposentou do conselho da Arco, em 1986, Bob tinha sessenta e nove anos. Incansável, deu uma rasteira na aposentadoria e, de volta a Roswell, fundou a Hondo Oil & Gas Co., atuando como CEO até 1996.

Já na etapa final de sua vida pública, sobretudo nos anos 1980 e 1990, virou conservacionista, adquiriu grandes extensões de florestas com o objetivo de preservá-las e, em palestras e incursões na imprensa, alertava para o aquecimento global e a necessidade de conter emissões de carbono – uma postura que chamava atenção por vir justamente de um magnata do petróleo, combustível fóssil com efeitos altamente perversos. Participou da fundação do Worldwatch Institute, em Washington, um observatório dedicado ao monitoramento das tendências ambientais pelo mundo, e também o Instituto Internacional de Meio Ambiente e Desenvolvimento, em Londres, e o Instituto John Muir de Meio Ambiente, na Califórnia.

Catorze anos após sua aposentadoria, a Arco foi comprada pela BP, em 2000. Bob morreu aos noventa anos, em dezembro de 2007. Desde 1974, Robert O. Anderson dá nome à escola de administração da University of New México.

nove

Tem um escorpião na pia!

Antônio Siviero cursava o último ano de Administração na PUC quando soube que a Carbocloro buscava um profissional júnior para a área financeira.

Siviero tratou de se candidatar. A Carbocloro era uma empresa nova, com menos de uma década de atividade, controlada pelo Grupo Moreira Salles. Líder em produção de cloro e soda cáustica, ela tinha fábrica em Cubatão (SP) e escritório na Avenida Paulista, 1.765, perto do MASP – uma ótima localização para o rapaz, que assistia às aulas na Rua São Joaquim, na Liberdade, e morava na Mooca.

Aprovado no exame, Siviero foi chamado para uma entrevista. Quem o recebeu no escritório foi Carlos de Paula, àquela altura encarregado do processo de seleção.

— É verdade que estamos precisando de uma pessoa, mas não é exatamente para a Carbocloro — ele explicou. — É para uma fazenda no Mato Grosso.

Siviero ouviu aquilo como quem recebe um balde de água fria. Paulistano, sem nenhuma experiência com fazenda nem vocação para a pecuária, respirou fundo e escolheu as palavras para declinar ao convite sem parecer pouco caso. Carlos de Paula insistiu.

— Vamos até o escritório para você dar uma olhada.

Embora a fábrica fosse em Santos e a fazenda ficasse no Mato Grosso, apenas cinco quadras separavam os dois escritórios em São Paulo. O da Bodoquena ficava no último andar de um prédio baixo e estreito, na Rua da Consolação, entre a Avenida Paulista e a Alameda Santos, onde mais tarde inauguraram um supermercado.

Era uma única sala, muito grande, onde Carlos e Siviero encontraram uma única pessoa cumprindo expediente. Joaquim Dias cuidava da contabilidade. E só. A estrutura operacional da Bodoquena em São Paulo se resumia a ele.

Dias contou a história da fazenda, declinou os nomes dos acionistas e mencionou a extensão de terra que ela ocupava. Falou um pouco sobre o que era produzido ali e, em seguida, mostrou o balanço financeiro. Por fim, resumiu o trabalho que havia para ser feito. Siviero acabou concordando em ficar:

— Vou tentar!

Agora, eram apenas Siviero e Joaquim Dias no escritório. A estrutura havia dobrado. Siviero atendia ao telefone, ia ao banco, fazia o que fosse necessário. Dias passava o dia debruçado no livro em que eram registradas todas as operações contábeis. Meio século atrás, não havia computador. Tudo tinha de ser colocado no papel, e Dias ia ensinando aquele ofício ao jovem funcionário. "Trator, lâmina, cerca, todo ativo fixo era imobilizado em livros", conta Siviero. "E, mensalmente, era preciso calcular a depreciação dos ativos, sua correção monetária, a correção da depreciação e a depreciação da correção. Um inferno".

Logo nas primeiras semanas, Siviero foi convocado por Dias a dar expediente no sábado. Depois outro. Até que virou rotina, embora não houvesse previsão contratual para o trabalho aos fins de semana nem demanda que justificasse tanta hora extra. Mesmo assim, Siviero passou a levantar cedo aos sábados e a tomar as duas conduções que o levavam ao escritório. Em pouco tempo, notou que Dias seguia um padrão. Na metade da manhã, alegava alguma tarefa na rua e saía, deixando o jovem ocupado com o livro de registros. Voltava duas ou três horas depois – rescendendo a álcool.

Naquele mesmo ano de 1970, Joaquim Dias deixou a empresa. Agora, Siviero dava expediente sozinho no amplo escritório. Era ele quem passava a chave ao entrar e ele que passava a chave ao sair. Quando ia para a fazenda, o escritório permanecia fechado. Apenas Camargo, presidente da Carbocloro e vice-presidente da Bodoquena, dava as caras por ali com relativa frequência – quase sempre no horário mais inadequado possível, depois do expediente normal. Camargo passava o dia no escritório da Carbocloro e costumava sair só às oito horas da noite. Um pouco antes, ligava para o Siviero e pedia para ele esperar. Em pouco tempo, virou programação normal: das oito às nove, era hora de atender o Camargo.

Siviero ia à fazenda uma vez por mês, sempre por volta do dia 1º, e ficava ali de quatro a cinco dias fechando os balanços mensais. O balanço anual era mais complexo e exigia no mínimo dez dias de dedicação presencial. Além do mapa do gado, com toda indicação de compras, vendas, nascimentos e mortes, era preciso fazer também uma previsão orçamentária detalhada para o ano seguinte, produto por produto.

— Sal mineral. Quanto nós vamos gastar de sal mineral? — Siviero perguntava.

Alexandre precisava dizer se ainda havia sal no estoque e indicar o consumo médio de sal por cabeça de gado. Siviero calculava o gasto presumido conforme o preço no mercado e adicionava um valor a mais prevendo a inflação do período. "Fazia isso até com papel higiênico e produtos de papelaria para a administração da fazenda", lembra Siviero. "Gastava um bom tempo nisso. O Alexandre detestava".

Quando ia à Bodoquena, Siviero embarcava no avião da Vasp rumo a Campo Grande e, lá, pegava carona com o Alexandre no Skylane da fazenda. Seguindo a tradição inaugurada por Maurício Verdier, Alexandre também pilotava sem brevê. E pilotava sentado na cadeira da direita.

Uma vez, Alexandre resolveu ensinar o Siviero a pilotar.

— Shiva, assume aqui — e pôs o comando do monomotor nas mãos do Siviero.

Alexandre tinha mania de chamar o Siviero de Shiva. Começou chamando de Siva, corruptela de Siviero, e logo sofisticou o apelido. É possível que Alexandre nem soubesse que, no hinduísmo, havia um deus com esse mesmo nome, normalmente representado com um tridente na mão, um jarro na cabeça e serpentes nos ombros. O Shiva da Bodoquena, sem poderes divinos como seu xará indiano, se esquivou:

— Não, Alexandre. Toca você!

— É fácil, Shiva, é fácil.

— Tô fora. Nem sei a hora que tem que puxar esse negócio — disse, referindo-se ao manche.

— É fácil, você quer ver?

Alexandre manobrou o avião até o centro da pista e foi pegando velocidade.

— Pronto, agora é a hora de tirar — explicou. Puxou o manche e o avião decolou.

— Mas como você sabe a hora certa? — Siviero quis saber.

— Você fica olhando o capim pela janela. Verdinho. Na hora em que ele azular, você puxa.

É, parece que Shiva fez bem em dispensar o instrutor.

Nas idas à Bodoquena, Siviero se hospedava no galpão dos solteiros, um alojamento destinado aos homens que não tinham família na fazenda. Galpão dos solteiros não é bem o termo mais adequado, uma vez que o local era utilizado também pelos colaboradores casados que iam à fazenda

Acima: Antonio Siviero prepara-se para cruzar a fazenda a bordo de um monomotor. Ao lado, junto com Rodolfo Grossman, o braço-direito de Alexandre. O revólver na cintura era presença frequente entre os funcionários da Bodoquena.
Acervo pessoal de Antonio Siviero

desacompanhados. Siviero, por exemplo, continuou usando aquele galpão depois de se casar. Salvo nas duas ocasiões em que esteve na Bodoquena acompanhado por Maria Helena, sua esposa. A primeira delas, quem diria, foi na lua-de-mel.

Primeiro, Camargo presenteou o casal com uma viagem de uma semana para Buenos Aires. Embarcaram sorridentes e elegantes para o aeroporto de Ezeiza, visitaram pontos turísticos, ouviram tango, beberam vinho. De volta a São Paulo, Siviero recebeu um telefonema de Camargo:

— Por que você não emenda mais uma semana de lua-de-mel na fazenda? Vai com a Helena e vocês ficam lá como hóspedes, descansando da viagem à Argentina.

Ah, para quê? Já na primeira noite, bastou desligar a luz do gerador e se acomodar sob o mosquiteiro para que o primeiro sapo pulasse de baixo da cama em direção à janela. Depois outro. E mais outro. A luz da noite, através da persiana, atraía os batráquios para o lado de fora. Escondidos sob a cama durante o dia, agora eles coaxavam e saltavam para a liberdade, assustando a hóspede de primeira viagem. Siviero sabia que havia muitos sapos na fazenda. Mas quatro? Dentro de casa? Ele jamais havia visto uma insurreição como aquela.

No dia seguinte, no banheiro, uma perereca pulou na perna de Maria Helena. Naquela fazenda, definitivamente, era preciso ter pele grossa.

Em outra ocasião, Helena foi até a pia, distraída, e deu de cara com um escorpião.

— Tem um escorpião na pia! — gritou, após dar um berro. — Chega! Não aguento mais. Vamos embora daqui.

Shiva não sabia o que fazer. Depois do segundo ou terceiro episódio envolvendo a esposa e animais repulsivos, Siviero uniu os pontos e entendeu tudo: Camargo estava aprontando das suas. Que sacana! A seu comando, peões da fazenda traziam os bichos para dentro da casa e os soltavam em lugares estratégicos. Um pior do que o outro. "Contando essa história depois de tantos anos, fica até engraçado", lembra o gerente financeiro. "Mas vai achar graça na hora... Até porque, se eu risse, meu casamento acabava imediatamente".

Só mais tarde as ações terroristas promovidas por Camargo foram esclarecidas e Maria Helena ficou conhecendo o gênio anárquico do chefe de seu marido. Naqueles dias, restou a ela morrer de saudade de Buenos Aires. Que ideia estúpida terminar a lua de mel naquele lugar! Maria Helena voltaria uma única vez à Bodoquena, anos depois, numa ousada viagem de carro que Siviero inventou de fazer para transportar um Jeep Willys de São Paulo até lá. Foram 1.300 quilômetros, dos quais 250 quilômetros em estrada de terra, à noite e com chuva, no trecho entre Campo Grande e Guaicurus. Foi a última vez. Suas filhas, gêmeas, nascidas em 1973, jamais puseram os pés ali, a despeito de seu pai viajar para lá todos os meses.

A década de 1970 representou uma nova etapa na história da Bodoquena, com foco no crescimento e na produtividade. Partindo de um rebanho de 48.448 cabeças em

31 de dezembro de 1969, a administração pretendia ter um crescimento contínuo no inventário de gado e também nas vendas. Para isso, era preciso ampliar a área de pastagem. De 8 mil hectares cobertos com capim colonião em 1970, a diretoria decidiu chegar a 60 mil hectares até 1980. Isso implicava derrubar a mata, queimar a vegetação derrubada e depois plantar. O desmatamento era agressivo, e as queimadas, uma constante. Se houvesse naquela época uma legislação ambiental semelhante à de 2020, por certo a Bodoquena teria sido multada repetidas vezes, por diversas infrações.

O primeiro passo era derrubar as árvores especiais e extrair madeira de lei, como aroeira e ipê, destinada à marcenaria. O que não fosse comercializado seria aproveitado nos currais. Em seguida, nas áreas de planície, usava-se o correntão. Era um correntão pra valer, com elos enormes. Prendia-se uma ponta num trator D8 e a outra em outro. Pareados, os dois veículos percorriam a área a ser transformada em pasto, de um lado para o outro. Como uma escavadeira, a corrente derrubava o que encontrasse pela frente. O que houvesse no meio do caminho era logo nocauteado pelo correntão.

Nas áreas de mata fechada, em que os tratores não conseguiam penetrar, aí os peões entravam a pé, portando machados e foices. Eram os paraguaios, trazidos a baixo custo do país vizinho, em caminhões lotados. Na época da derrubada, a fazenda chegava a importar quase mil peões

Depois de uma semana de lua-de-mel em Buenos Aires, Siviero e Maria Helena foram passar uma semana na fazenda. Os ataques sistemáticos de sapos e escorpiões deixaram a moça de cabelo em pé. "Foi difícil convencê-la a voltar à fazenda muitos anos depois", conta o marido.
Acervo pessoal de Antonio Siviero

do Paraguai para trabalhar em esquema de empreitada, sem contrato de trabalho ou direitos trabalhistas. Viajavam durante à noite e, quando finalmente o caminhão estacionava na seção próxima à área de desmate, abria-se a carroceria e despencavam quatro ou cinco paraguaios lá de dentro. Bugres. Alguns já chegavam alcoolizados. Em meados dos anos 1970, a Polícia Federal chegou a multar a fazenda em razão do trabalho não registrado dos paraguaios. A partir de então, eles passaram a ser registrados.

Concluído o desmatamento, aguardava-se o dia certo, com umidade e vento adequados, para pôr fogo na vegetação. O vento se encarregava de espalhar as chamas, rapidamente, para que o fogo apenas "lambesse" a mata de modo a facilitar o trabalho da limpeza do terreno sem comprometer a qualidade do solo.

Uma vez, dois trabalhadores foram mortos numa queimada. Houve uma inversão do vento, seguida de uma brusca alteração na direção das labaredas, e uma dupla de peões não teve como escapar. O fogo passou por cima deles. Uma tragédia.

Na hora de plantar, jogavam-se as sementes de avião. Não era preciso arar a terra nem adubar, apenas esperar o período de chuva que sucedia às queimadas. As sementes penetravam no solo com a umidade e o capim geminava pouco tempo depois.

Uma vez, Camargo foi visitar a Cambuhy, fazenda do Grupo Moreira Salles em Matão, no interior de São Paulo, e contou para o Hugo Prata, o administrador, que na Bodoquena se formava pasto de avião.

— Bobagem, doutor Camargo — ele respondeu. — Sai muito caro. Aqui a gente faz na mão. Forma uma fila indiana e vai largando a semente. Sai mais em conta.

Ah, pra quê? Bastou Camargo voltar à Bodoquena para buzinar no ouvido do Alexandre:

— Alexandre, nós estamos gastando muito dinheiro para formar pasto com avião. O Hugo, na Cambuhy, forma pasto com uma fila indiana.

Alexandre ficou irritado.

— Camargo, você diz para esse pele fina... — e soltou um palavrão. — Ele nunca calçou uma bota na vida. Acha que toda fazenda é igual à Cambuhy? Manda ele vir aqui no Pantanal entrar numa fila indiana pra jogar semente.

Camargo nunca mais propôs qualquer mudança na técnica de formação de pasto.

Parte das terras da Bodoquena junto à área de pantanal foi transformada em rebanho em 1973. O acordo foi firmado com Laucídio Coelho, um dos reis do gado do Mato Grosso. Seu Laucídio incorporou 100 mil hectares da fazenda e cedeu 30 mil novilhas, que Alexandre foi buscar em Porto Murtinho.

À família Coelho atribuíam-se, na época, quase 500 mil cabeças de gado espalhadas pelo Mato Grosso. Suas fazendas somavam 870 mil hectares, mais que o dobro da extensão da Bodoquena antes da permuta, embora suas propriedades fossem bem menores individualmente. Quando o Mato Grosso foi oficialmente desmembrado, em 1977, dando origem ao Mato Grosso, com capital em Cuiabá, e Mato Grosso do Sul, com capital em Campo Grande, a família Coelho aumentou seu poder político sobre a região. Lúdio, um dos doze filhos de Seu Laucídio, foi eleito duas vezes prefeito de Campo Grande e uma vez senador da República entre as décadas de 1980 e 1990.

Com a área total reduzida de 400 mil para 300 mil hectares após a permuta, a Bodoquena superava 80 mil cabeças de gado na metade dos anos 1970. Faltava aferir com maior precisão esses números a fim de incluir nos balanços anuais sem nenhuma ressalva por parte da auditoria.

Aquela era a grande pedra nos sapatos da administração da Bodoquena. Como conferir o estoque de gado? A área da fazenda, duas vezes maior do que a extensão média dos municípios brasileiros, bem como o modelo de produção baseado em pecuária extensiva, com um terço da propriedade coberto por floresta, impediam a verificação precisa do número de cabeças de gado. Seria preciso recolher todas as rezes em áreas cercadas, o que, embora se tentasse repetidas vezes, nunca se mostrou viável.

Alexandre, Rodolfo e Siviero em momento de lazer. Após o jantar, o carteado se estendia até a hora de desligar o gerador.
Acervo pessoal de Antonio Siviero

No Clube Nacional, em São Paulo, na década de 1970.
Da esquerda para a direita: William Hewitt, chairman da John Deere, David Rockefeller, José Alberto de Camargo e Fernando Moreira Salles.
Acervo pessoal de José Alberto de Camargo

Não havia chip nos anos 1970. Nem drone. Sobrevoos de avião não davam conta de localizar e contar todos os animais, muitos deles escondidos sob a mata. Em razão disso, os balanços anuais traduzidos para o inglês e encaminhados aos acionistas com o endosso de uma auditoria externa – a Arthur Andersen na maior parte do tempo – traziam sempre uma ressalva dos auditores em relação ao estoque: "Examinamos as demonstrações e elas apresentam fidedignamente a situação verificada, salvo o inventário de gado, porque não foi possível fazer a contagem".

Camargo não se conformava com a ressalva. Fazia questão de entregar um balanço preciso, infalível. Alexandre resolveu iniciar uma longa cruzada para contar os animais e imaginou ter encontrado a solução: iriam cortar as pontas das orelhas esquerdas de todos os animais, juntar todas elas no escritório e catalogar. Assim foi feito. Invernada por invernada, o rebanho foi todo deslocado, em etapas, até o curral da seção mais próxima, e as orelhas foram cortadas. Ao fim do dia, Alexandre embarcava com sacos de orelhas e levava para o escritório central, na Seção Guaicurus. As orelhas eram salgadas e a contagem era feita. Concluída a catalogação, enterrava-se o material.

Ainda não foi o suficiente. Sobrou rebanho. Havia bois que não se conseguia reunir e trazer para o curral, uma conjuntura em tudo diversa dos confinamentos, da pecuária intensiva. Artêmio Bertholini, auditor da Arthur Andersen, foi quem sugeriu um esquema alternativo. Repetir o processo de levar o gado até o curral e, em vez de cortar as pontas das orelhas, sinalizar o gado cadastrado com algo que pudesse ser visto de longe, de preferência do alto. Assim, quando a maior parte do rebanho estivesse sinalizado, ficaria mais fácil sobrevoar a fazenda e ir anotando somente os não sinalizados. Para isso, precisava ser algo maior e mais chamativo do que orelhas aleijadas ou a marca da fazenda impressa a ferro na barriga.

Durante uma semana, bois, vacas e novilhos receberam uma generosa pincelada de tinta verde no lombo, bem no alto, numa faixa que ia quase da nuca até o rabo. Era uma tinta verde limão, inconfundível, que prometia resistir à chuva por semanas. Concluída a etapa da marcação, com dezenas de milhares de animais tingidos, o auditor embarcou no Skylane com um reloginho. A cada gado não marcado que lhe fosse possível enxergar lá de cima, o auditor apertava um botão. A cada aperto do botão, registrava-se um animal. Ao final de uma tarde inteira de manobras aéreas, curvas e rasantes, esgotavam-se as rezes de uma área. No dia seguinte, repetia-se o mesmo processo em outra parte da fazenda, a serra, a mata, o pantanal.

A ressalva foi finalmente retirada em 1978. Agora, os auditores da Arthur Andersen estavam convencidos de que o número de 80 mil cabeças era real. Pela primeira vez desde a formação das primeiras invernadas, ainda nos anos 1920, fora feita uma contagem confiável do gado da Bodoquena. De agora em diante, notas fiscais de compra e venda, e as estatísticas elaboradas no dia a dia da fazenda com os registros de nascimentos e mortes, seriam suficientes para atualizar a contagem anualmente. A auditoria admitiu também que fosse adotado um índice de 2% de mortalidade incontrolável, ou presumida, sem comprometer o parecer. "No mapa do gado, a gente lançava a mortalidade constatada, o número de animais mortos segundo nossa observação, ou seja, dos quais a gente chegou a ver o cadáver", conta Siviero. "Aí, no fim do ano, reduzia em mais 2% o rebanho pelo princípio da mortalidade incontrolável: animais que morreram no meio do mato e dos quais a gente nunca veria as ossadas".

Após a permuta com os Coelho, em 1973, a fazenda teria sua área reduzida ainda uma vez. Cerca de 20 mil hectares estavam em disputa judicial. Invasores haviam se apossado de uma região próxima à serra, construído casas e cercas, e criavam seu gado de forma ilegal. Os administradores já não sabiam o que fazer para tirá-los de lá. Só sabiam que era preciso resistir.

dez

Invasores

Grilagem é uma prática antiga no Brasil. Consiste em se apropriar de determinada área de terra de forma ilegal, por meio de documentos forjados. Grileiros são invasores que falsificam documentos de titularidade para "provar" que são donos de uma propriedade que não lhes pertence, seja ela pública ou de terceiros.

O termo vem de uma velha artimanha empregada por esses criminosos: guardar o documento falsificado numa caixa com grilos para que a ação dos animais provoque o envelhecimento precoce dos papéis. Em poucos meses, uma escritura recém-impressa adquire o aspecto de um título guardado há trinta ou quarenta anos.

A Bodoquena conviveu com grileiros ao longo de toda sua história. Ali, no interior pantaneiro e pouco adensado do Brasil remoto, os invasores se apoiavam menos na falsificação dos papéis e mais na falsificação da própria invasão. Malandramente, instalavam-se em casebres construídos com material envelhecido, forravam o barraco com palha seca, armavam uma cerca feita com pau velho e arame oxidado para conter um pequeno rebanho de gado misturado, às vezes com uma ou duas centenas de bois coloridos e magros, tudo para forjar a imagem de uma ocupação antiga, a fim de acionar a Justiça para garantir o direito à terra por usucapião.

Usucapião é o direito de posse adquirido sobre determinado bem, móvel ou imóvel, por meio da comprovação de utilização contínua no tempo, por um período razoável, e de forma pacífica, sem contestação. Numa grilagem, o invasor pode alegar, por exemplo, que se fixou na terra muito antes da chegada do atual proprietário legal. Como "prova", utilizam-se argumentos diversos, como o fato de o invasor ter feito melhorias no local e arcado com os custos, o que configuraria relação de posse, ou a ausência de qualquer aviso ou tentativa de expulsão por parte dos que possuem o título. "Ora, estou aqui há mais de dez anos e nunca veio ninguém reclamar", costuma-se dizer.

Por fim, há também o apelo à função social da terra, conceito que determina a necessidade de que toda propriedade privada esteja associada a seu aproveitamento com vistas ao bem-estar social. Este instrumento, enunciado na Constituição Federal de 1946 e detalhado na Constituição de 1988, pode justificar a ocupação e a subsequente desapropriação de terra devoluta, abandonada ou improdutiva, por quem demonstra necessidade vital de habitar e produzir.

Já em 2 de abril de 1969, em carta enviada a Walther Moreira Salles, o advogado Antonio Fernando de Bulhões Carvalho fazia referência à disputa por terra na Bodoquena. Por escrito, o advogado comemorava a resolução de um dos litígios e comentava a tramitação de outros casos, ainda pendentes. "A Operação Mosquito está virtualmente ultimada", escreveu, referindo-se à ordem de reintegração de posse em área invadida junto ao Rio Paraguai. "Os invasores retiraram-se, levando inclusive o gado, desde logo, o que nos poupou providências e atritos futuros".

"Venho a saber, entretanto", seguia o advogado, "que na área do Rio Salobra, os outros invasores, revelando extrema audácia e provavelmente escorados na passividade do juiz de Miranda, entraram com interdito proibitório contra a Fazenda Bodoquena S.A., a fim de garantir o que afirmam ser uma posse mansa e pacífica de mais de dois anos. Trata-se de completa inverdade, contra a qual existe, segundo me consta, bons elementos de prova, que talvez nos permitam anular os efeitos do procedimento iniciado".

Em reunião da diretoria realizada em 14 de julho, Camargo informou os presentes que, em viagem a Nova York, recebera de Donal O'Brien Jr., advogado ligado a David Rockefeller, a solicitação de uma opinião legal do advogado da Bodoquena, Plínio Soares da Rocha, a cerca das invasões: uma carta com a descrição e o status de todos os processos, relacionados às áreas invadidas no Pantanal e na área do Rio Salobra. Os acionistas queriam acompanhar mais de perto essas tramitações.

Em 6 de agosto de 1970, Plínio finalmente apresenta uma espécie de ata com a lista dos processos judiciais em andamento, tanto as ações de reintegração de posse, quando é a Fazenda que pede a saída dos invasores, quanto as de manutenção de posse, movidas pelos moradores a fim de revogar a sentença de reintegração e garantir sua permanência no local. Havia, na ocasião, pelo menos duas ações de reintegração e três de manutenção de posse tramitando na Justiça Federal de Cuiabá, e outras quatro – três de reintegração e uma de manutenção – na comarca de Miranda.

A mais antiga das ações de reintegração de posse ainda em disputa fora protocolada pela Bodoquena em 1966. Em agosto de 1970, encontrava-se no Tribunal de Justiça do Estado em grau de apelação. A ação fora julgada procedente, mas os réus – os invasores Newton Nery de Souza e sua esposa – recorreram. Aquela disputa ainda se arrastou por mais um par de anos, com idas e vindas. O invasor conseguiu reverter a reintegração de posse por meio de um mandado de segurança, fazendo com que o caso chegasse ao Supremo Tribunal Federal.

Também havia outras invasões simultâneas. Os gestores da Bodoquena quebravam a cabeça para encontrar uma maneira de espantá-los e evitar a aproximação de outros grupos. Em 1973, quando a fazenda adquiriu uma aeronave Cesna Skylane 182, Alexandre deu de sobrevoar as áreas invadidas, com rasantes frequentes, como para mostrar que os administradores estavam cientes da invasão e tomariam providências. Ninguém se abalou.

Nada parecia resolver a situação, nem mesmo por meio da Justiça. O que fazer? Um dia, conversando com Camargo, Alexandre sugeriu recorrer aos militares.

— A gente convida o Exército para fazer manobras de treinamento militar na propriedade — sugeriu. — Esses exercícios na fazenda vão intimidar esses bandidos.

Naquele ano de 1973, quem chefiava a 9ª Região Militar, em Campo Grande, era o General Reynaldo Mello de Almeida, filho do escritor e político paraibano José Américo de Almeida, membro da Academia Brasileira de Letras e autor do romance regionalista *A Bagaceira*, um dos marcos do modernismo na literatura. Camargo e Alexandre foram conhecê-lo e logo se aproximaram do chefe do quartel de Campo Grande e braço-direito do general, o então coronel Leônidas Pires Gonçalves. Nos anos 1980, já com a patente de general, Leônidas seria nomeado ministro do Exército pelo então presidente da República, José Sarney. Em 1973, ambos os militares aceitaram o convite de Alexandre e conduziram suas tropas para treinar na Bodoquena.

Alexandre acabou ficando muito amigo do coronel Leônidas, que o visitaria muitas vezes com a esposa, dona Dóris. Tomavam gin tônica, trocavam amenidades e, sempre que possível, conversavam sobre as invasões. Nas temporadas de exercícios militares na fazenda, parte dos oficiais do Exército ficava hospedada nos alojamentos e outra parte, na sede. Camargo foi acompanhar de perto, confiante na estratégia. Aprendeu com o coronel Leônidas que a hierarquia do Exército deve ser observada também na hora de dormir.

— General fica na mesma casa que general — Leônidas explicou —, coronel com coronel, soldado com soldado e assim por diante. Quem tem a mesma patente precisa ter o mesmo conforto.

Ou seja: os generais foram para a sede, e os soldados, para o galpão dos solteiros.

Passados três meses, nada havia mudado. Os invasores continuavam exatamente nos mesmos lugares. E o pior: Newton Nery de Souza teve seu pedido de manutenção de posse deferido. Malograda a estratégia, coube à fazenda propor um acordo ao invasor: a Bodoquena abriria mão dos 20 mil hectares incorporados por Newton Nery de Souza e ele "pagaria" pelas terras em gado. Um gado misturado, ruim, que em tudo se diferenciava do gado da fazenda, mas o suficiente para oficializar a transferência e pôr fim a uma briga que já se estendia por dez anos.

No dia de assinar o acordo, Alexandre pediu a Siviero que acompanhasse o invasor até o tribunal, em Campo Grande. Siviero foi de carona com ele. "O Newton tinha uma caminhonete velha", lembra Siviero. "Uma hora ele parou no sinal fechado e o carro que vinha atrás não conseguiu frear a tempo e acabou dando uma reladinha na traseira da caminhonete". Newton nem desceu para ver. Olhou pelo retrovisor, engatou a ré e arrastou aquele carro por uns vinte metros. Quando parou, o motorista saiu do carro, desesperado, e foi ver o estrago: para-choque arrebentado, capô amassado...

— Você bateu na minha traseira — justificou Newton. Virou as costas, subiu no carro e seguiu para a assinatura do acordo sem tocar no assunto.

Oficializado o acordo, Newton deixou de ser um invasor para se tornar vizinho. Embora isolado, o acordo pode ter contribuído indiretamente para atrair outros criminosos. Fato é que as invasões continuaram a acontecer.

Em meados da década, Alexandre se deparou com um invasor ainda mais bandido que o Newton. Era o Amaral. Seguindo o mesmo padrão da invasão anterior, Amaral viera com um séquito de empregados que logo construíram casas e fixaram residência numa das áreas mais altas (e secas) da fazenda, perto da Serra da Bodoquena. Sempre de arma na cintura, cercaram a área, montaram piquetes e espalharam seu gado.

Agora, os diretores da fazenda já tinham experiência suficiente para saber que nem sobrevoo de avião nem exercício militar resolveriam a parada. Tampouco ação na Justiça. Amaral e seu grupo eram perigosos, muito mais que o Newton. Andavam armados, em bando, como uma horda de jagunços.

Camargo entendeu que era preciso contra-atacar, mostrar que não havia ninguém acovardado na fazenda e que os invasores não podiam fazer o que quisessem, assim, livremente. "Precisávamos mostrar que estávamos em maior número e que tínhamos condições de enfrentá-los", conta. "Se não fizéssemos isso, eles continuariam tripudiando da situação e ninguém os tiraria de lá".

Uma noite, Camargo e Alexandre juntaram mais de vinte peões da fazenda, providenciaram dois caminhões e foram todos para o acampamento dos invasores. A maioria empunhava carabinas de caça, espingardinhas vagabundas. Se houvesse enfrentamento, muito provavelmente estariam perdidos.

Camargo agarrou um Colt .45, a arma que havia matado o francês Félix Rieux, da A Territorial Franco-Brasileira, quase três décadas antes. Siviero levou seu revólver, um Tanque espanhol, cromado, que refletia a luz e parecia um farol. Aliás, Siviero estava todo errado naquela noite. Jantava à paisana quando Alexandre chegou convocando para a ação e acabou indo como estava, de chinelos, bermuda e camisa branca. Mais visível, impossível.

Alexandre desceu na frente. Chamou pelo nome do Amaral – uma vez, duas vezes – enquanto contornava as casas. Não havia ninguém ali. Com tochas em punho, o grupo começou a arrastar os pertences daquela gente para fora das casas e a tocar fogo, improvisando uma grande fogueira. Nessas horas, o clima de faroeste parecia ainda mais intenso. As labaredas deixavam um longo rastro de fumaça no céu quando os invasores chegaram, revoltados com aquele abuso, armados até os dentes. Camargo e Siviero foram os primeiros a correr. Alexandre e os outros também correram, escondendo-se como podiam por trás dos arbustos mais próximos.

— Alexandre! — Amaral chamou o administrador pelo nome, ciente de que tinha sido ele e de que ele ainda estava por ali. Os corações dispararam, todos em alerta.

Alexandre saiu do esconderijo e foi conversar com ele.

— O que foi isso? — Amaral se aproximou de Alexandre, com o dedo no gatilho. — Vocês estão todos loucos? Caiam fora daqui, seus filhos da puta!

Alexandre sinalizou que o grupo da fazenda estava em maior número, que os caminhões estavam cheios de gente e que Amaral e seu grupo estavam em desvantagem. Assumiu o tom da conciliação. Prometeu indenizá-los pelo estrago, mas reiterou que eles tinham de deixar aquelas terras o quanto antes. Disse que aquele tinha sido um primeiro aviso, que os acionistas estavam dispostos a radicalizar, que era besteira pagar pra ver.

Camargo, Alexandre, Siviero e companhia partiram em retirada com as pernas bambas, ainda sem a consciência exata do blefe que haviam dado.

— Alexandre, como eu desarmo esse troço? — Camargo perguntou, aflito e envergonhado. No auge do enfrentamento, quando sentiu que Amaral poderia atirar a qualquer momento e deflagrar uma guerra, Camargo havia engatilhado a pistola e, agora, mantinha o dedo no cão para evitar um disparo acidental.

Amaral e seu bando deixaram a Bodoquena poucas semanas depois.

onze

A vendetta

O Natal de 1979 prometia ser animado, como de costume. Nesse ano, em especial, havia muitos motivos para comemorar. Amaral e sua gangue haviam deixado a fazenda, o balanço anual viria pela segunda vez consecutiva sem nenhuma ressalva em relação ao rebanho e a produtividade aumentava a cada exercício fiscal. Na Bodoquena, as celebrações natalinas começavam na noite do dia 24, com fogueira e cantoria, e eram retomadas no dia seguinte, com o já tradicional churrasco. Nessas ocasiões, Alexandre ficava ainda mais entusiasmado. Subia na mesa, discursava, agradecia, caçoava dos amigos, abraçava, brincava.

Alexandre tinha um carinho enorme pela pecuária, pela grande família que se formara na Bodoquena, e uma dedicação ainda mais especial às suas quatro mulheres. Àquela altura, três outras mulheres haviam se somado a Maria Teresa na casa e no coração de Alexandre. Beatriz, a mais velha, beirava os nove anos. Cibele devia ter sete. Cristiane, a mais nova, cinco.

Já era noite quando se ouviu um tiro, seguido de outros dois. Um pequeno grupo de penetras chegara falando alto e atirando para o alto. Crianças correram para os braços das mães. Alguns homens tatearam intuitivamente a cintura em busca de uma arma. Embora fosse hábito andar armado, a ocasião era de festa, e os revólveres descansavam em casa. Alexandre se aproximou para conversar com o grupo.

— Companheiros, hoje não é dia disso.

Pediu que parassem com a algazarra, que era noite de festa, que havia crianças, que aquele comportamento não era bem-vindo. O tiro seguinte o atingiu no peito. Alexandre foi alvejado à queima-roupa por um ex-funcionário da fazenda, demitido meses antes. A poucos metros dali, as meninas viram quando o pai caiu, gravemente ferido, enquanto o trio de penetras entrava no carro e partia em retirada.

Naquela mesma noite, Camargo estava de folga com a família na fazenda Curupá 4, em Nova Europa (SP), de sua propriedade, quando Hugo Prata, o administrador da Cambuhy, na vizinha Matão (SP), chegou de surpresa.

— Tenho uma triste notícia — anunciou sem rodeios. — Alexandre foi baleado.

Atendido às pressas em Campo Grande, aonde foi levado de avião, Alexandre foi transferido no dia de Natal para o Hospital Albert Einstein, em São Paulo. Foram duas semanas de UTI até que seu corpo não resistiu. Alexandre morreu com os mesmos trinta e sete anos que tinha seu pai quando um câncer no fígado interrompeu sua jornada.

Nos primeiros dias de 1980, quando Alexandre ainda estava no hospital, Camargo voltou à Bodoquena para verificar como Rodolfo Grossmann, braço-direito de Alexandre, estava se virando. Siviero também estava na fazenda, imerso em planilhas e números para fechar o balanço anual juntamente com os auditores. Em determinado momento, Camargo adentrou o escritório apressadamente e flagrou Siviero tentando esconder um pacote de papel pardo. Tinha o formato de um tijolo.

— O que é isso?

— Nada.

— Como, nada?

— É coisa minha com o Rodolfo.

— O que tem aí?

— Não se preocupe, Camargo.

— Não estou preocupado, estou perguntando o que é. Você pode abrir?

Era dinheiro. Siviero havia se comprometido a levantar aquela quantia e Rodolfo repassaria o envelope a um empresário de Campo Grande, dono do armazém onde Alexandre costumava fazer as compras mensais da Bodoquena, que se encarregaria de entregar a um delegado. O suspeito de matar Alexandre havia sido preso por aqueles dias, e o delegado trataria de dar um sumiço nele. Seria forjado um acidente de carro durante o transporte do preso entre a carceragem e o tribunal, no dia da audiência. O dinheiro seria destinado ao conserto da viatura, que por certo ficaria destruída após o "acidente". Estava tudo combinado. E teria dado certo se Camargo não tivesse notado aquele pacote.

— De jeito nenhum! — determinou. — Vocês estão malucos?

Na semana seguinte à morte de Alexandre, foi celebrada missa de sétimo dia em Campo Grande. Mais uma vez, Camargo e Siviero saíram de São Paulo rumo ao Mato Grosso do Sul para prestar solidariedade a Teresa e às crianças e homenagear o amigo assassinado. Terminada a cerimônia, foram convidados para uma recepção na casa de um amigo comum. Quem? O dono do mercado.

Ainda não eram onze da manhã e meia dúzia de cavalheiros bebiam uísque quando Camargo e Siviero chegaram ao amplo apartamento. A viúva estava ali. Também marcavam presença figuras importantes da política regional: um senador, um ex-governador do Estado e dois ou três pecuaristas importantes.

A certa altura, o tema da prestação de contas se sobrepôs às demais conversas. O anfitrião queria levar adiante o plano acordado anteriormente com o delegado. A alta classe de Campo Grande confabulava, tramava para que a "justiça" fosse feita com celeridade, a despeito das vias legais. Era preciso superar a morosidade judicial.

Nada disso era dito às claras. Tudo parecia cifrado.

— Camargo, você sabe que existem apenas dois Estados no Brasil que não têm problema de superlotação carcerária? —, comentou um dos senhores ali presentes.

Camargo apurou os ouvidos. Sobre o que aquele senhor estava falando?

— Alagoas e Mato Grosso do Sul não têm problema carcerário — disse. — E isso acontece por um motivo muito simples. Nesses dois Estados, o problema do crime é resolvido sem que o criminoso precise cumprir pena na cadeia.

— A Justiça é muito lenta, Camargo — outro amigo emendou. — E falha.

— Preferimos não ter problemas com a população carcerária, se é que você me entende.

O clima era denso e nebuloso. Naquela sala, bebendo uísque antes do almoço, menos de uma hora após ouvirem a homilia do padre na missa de sétimo dia, senhores de paletó propunham liquidar o assassino de Alexandre. Além disso, o assassino estava acompanhado por dois menores de idade na noite do crime. O que fazer com eles? Deixar por isso mesmo? E ainda: haveria um mandante do crime? Tudo isso precisava ser investigado. E os responsáveis, punidos de forma exemplar. Naquela sala, os senhores de paletó desenhavam uma proposta de vendetta, de vingança – e olhavam para Camargo como quem pede autorização.

— Mas nós não temos caixa dois — Camargo respondeu, como se buscasse uma desculpa contábil para não embarcar naquele plano.

— Nós sabemos da lisura da fazenda — respondeu um dos presentes. — Inclusive, a Bodoquena é a maior contribuinte da coletoria estadual, o que até é motivo de desconforto para alguns fazendeiros vizinhos. Mas isso não é importante. O importante é a iniciativa.

Estava configurada a proposta. Bastava um ok do vice-presidente e sócio da fazenda para que o autor do disparo pagasse com a própria vida. Camargo saiu dali atônito. Telefonou para o Dr. Walther para contar o que havia presenciado. Esboçou um resumo da reunião, sucinta, e desfilou os nomes dos políticos e dos fazendeiros locais.

— Chega de faroeste — replicou o embaixador, por telefone. — Ponha a fazenda à venda.

Dr. Walther pediu ao filho Fernando que fosse a Nova York relatar os últimos acontecimentos a David Rockefeller. Dias depois, iniciava-se a busca por um comprador.

doze

Take it or leave it

Camargo atendeu ao telefone. Era Gilberto Adrien, diretor comercial do jornal *A Tribuna de Santos*, especialista em agronegócios. Queria encontrá-lo pessoalmente.

Gilberto soubera que a Bodoquena estava à venda e tinha um cliente interessado. Colocou Camargo em contato com Rubens Ometto Silveira de Mello.

Rubens, que anos mais tarde se tornaria controlador do grupo Cosan, o maior do setor sucroalcooleiro no país, revelara-se um jovem talento do mundo corporativo ao longo da década de 1970. Aos vinte e quatro anos, recém-formado em engenharia pela USP, assumira a diretoria financeira do Grupo Votorantim a convite de José Ermírio de Moraes Filho. Agora, aos trinta anos, presidia o conselho de administração da TAM Linhas Aéreas. Naquela transação, no entanto, Rubens representava o tio.

Orlando Chesini Ometto, fundador e sócio majoritário da TAM, era um destacado usineiro do interior de São Paulo, dono de boa parte dos canaviais que cobriam o Estado. Em 1980, sua empresa controlava diversas fazendas de cana de açúcar e usinas, entre elas a Usina Costa Pinto, em

Piracicaba, e a Usina da Barra, em Barra Bonita, considerada a maior e mais moderna do Brasil, famosa por inaugurar, em 1976, a maior moenda em atividade do país, com capacidade de processar 10 mil toneladas de cana por dia. Orlando estava interessado em comprar a Bodoquena.

Sempre com Rubens como intermediário, a negociação se estendeu entre março e maio. Siviero e Camargo assumiram a tarefa de cuidar da venda. Levaram Rubens para visitar a fazenda, mostraram todos os balanços e relatórios.

No dia de fechar negócio, Rubens foi à Rua Padre João Manuel, no Jardim Paulista, em São Paulo, encontrar os dois executivos no escritório da Companhia Brasileira de Metalurgia e Mineração, a CBMM, presidida por Camargo e controlada pelo Grupo Moreira Salles assim como a Bodoquena. Marcaram a reunião para o fim da tarde, depois do expediente. Quando Camargo e Siviero pensavam que havia chegado o momento das assinaturas, Rubens interpôs uma novidade, atribuída ao tio: Orlando Ometto gostaria de acrescentar uma última cláusula ao contrato, segundo a qual, durante três anos, os compradores seriam ressarcidos pelos antigos donos caso fosse verificada diferença entre o rebanho efetivo e a contagem indicada no inventário.

Outra vez o tema da verificação do estoque, a pedra no sapato que obrigara Alexandre a cortar orelhas e a pintar os bois de verde-limão dois anos antes. Agora, já não havia ressalva dos auditores. O balanço era consistente, preciso, confiável.

Já passava das nove horas da noite quando Siviero e Camargo disseram não.

— Olha, Rubens, fala pro titio que é *take it or leave it* — Camargo engrossou. — É pegar ou largar.

Os dois pediram a Rubens uma resposta nas próximas horas. Se não houvesse uma decisão ainda naquela noite, a venda estaria cancelada.

"Perdemos", lamentaram Camargo e Siviero, agora reunidos em outra sala. Após dois meses de discussão, cláusulas daqui, cláusulas de lá, aumenta preço, reduz preço, eles provavelmente ficariam a ver navios. Talvez fosse o caso de desistir da venda, nomear o Rodolfo como novo administrador e tocar o barco. O pior, Camargo pensava, seria explicar ao Dr. Walther e ao Fernando aquela mudança repentina. "Um negócio daquele tamanho", lembra. "Eu não deveria ter perdido a paciência e dito aquilo".

Quando o relógio marcou duas horas da madrugada, Rubens telefonou:

— Meu tio concordou.

No dia 2 de junho de 1980, a Fazenda Bodoquena S. A. foi vendida por US$ 43 milhões, o equivalente a US$ 134 milhões – ou R$ 563 milhões – em 2020. Só então, Camargo e Siviero descobriram que Orlando Ometto não era o único comprador. Por trás da intermediação de Rubens havia um consórcio, formado pelo Grupo Ometto (34%) e também pelo Bradesco (22%), pelo Grupo Votorantim (22%) e pela Dedini (22%), indústria de base especializada na construção de usinas de açúcar.

O objetivo dos sócios era criar o maior empreendimento sucroalcooleiro do Brasil, baseado no Pantanal. Eram tempos de Proálcool, um programa lançado pelo Governo Federal para promover o uso de etanol em substituição à gasolina como resposta às sucessivas crises do petróleo deflagradas por conflitos recorrentes no mundo árabe. A proposta do consórcio seria vetada por razões ambientais e a fazenda, desmembrada.

Em 1980, a venda foi comemorada pelos acionistas. Em carta encaminhada por David Rockefeller a Walther Moreira Salles em 5 de junho, três dias após a oficialização do negócio, o investidor americano reconheceu o sucesso da transação e agradeceu a parceria de mais de duas décadas com o embaixador. "Rick Salomon (*advogado responsável pelos negócios da família Rockefeller*), que acaba de voltar do Brasil, contou que a venda da Bodoquena foi concluída com sucesso conforme as diretrizes acordadas por nós", escreveu. "Lamento apenas o fato de que ela encerra uma relação de investimento com você, construída ao longo de mais de vinte anos, que foi muito satisfatória para mim".

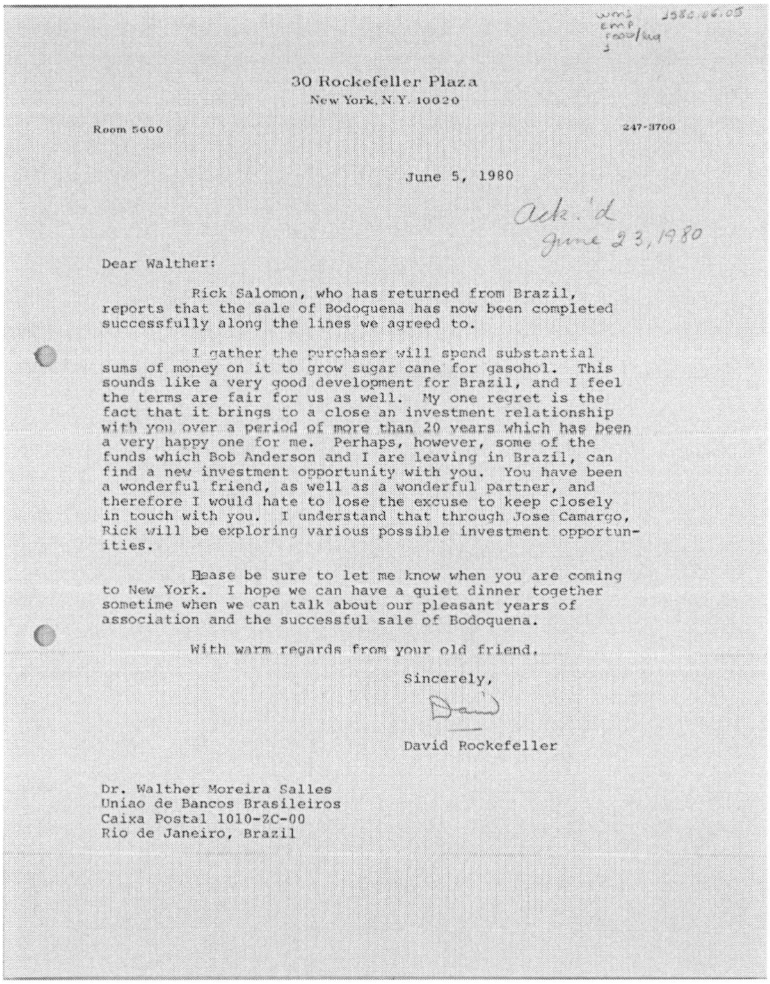

30 Rockefeller Plaza
New York, N.Y. 10020

Room 5600 — 247-3700

June 5, 1980

Ack'd June 23, 1980

Dear Walther:

Rick Salomon, who has returned from Brazil, reports that the sale of Bodoquena has now been completed successfully along the lines we agreed to.

I gather the purchaser will spend substantial sums of money on it to grow sugar cane for gasohol. This sounds like a very good development for Brazil, and I feel the terms are fair for us as well. My one regret is the fact that it brings to a close an investment relationship with you over a period of more than 20 years which has been a very happy one for me. Perhaps, however, some of the funds which Bob Anderson and I are leaving in Brazil, can find a new investment opportunity with you. You have been a wonderful friend, as well as a wonderful partner, and therefore I would hate to lose the excuse to keep closely in touch with you. I understand that through Jose Camargo, Rick will be exploring various possible investment opportunities.

Please be sure to let me know when you are coming to New York. I hope we can have a quiet dinner together sometime when we can talk about our pleasant years of association and the successful sale of Bodoquena.

With warm regards from your old friend.

Sincerely,

David

David Rockefeller

Dr. Walther Moreira Salles
Uniao de Bancos Brasileiros
Caixa Postal 1010-ZC-00
Rio de Janeiro, Brazil

Em carta enviada a Walther Moreira Salles comemorando o sucesso da venda da fazenda, David avalia a qualidade do negócio: "Lamento apenas o fato de que ela (a venda) encerra uma relação construída ao longo de mais de vinte anos", diz.
Acervo Instituto Moreira Salles

Adiante, após mencionar a possibilidade de uma nova sociedade com Walther, em torno de uma nova oportunidade de investimento a ser prospectada, David repetiu a deferência e propôs um último encontro para que o fim daquela aventura pantaneira não passasse batido. "Você foi um ótimo amigo, bem como um sócio maravilhoso, de modo que eu detestaria perder a oportunidade de manter contato com você", disse. "Por favor me avise quando vier a Nova York. Espero que a gente possa jantar juntos uma hora dessas, ocasião em que conversaremos sobre os anos agradáveis de sociedade e sobre o sucesso da venda da Bodoquena".

O sócio brasileiro respondeu no dia 23. Em sua carta, afirmou ser recíproco o interesse em encontrar uma nova oportunidade de investimento conjunto, para que os sócios pudessem retomar a sociedade em torno de uma nova empresa. "Será, inclusive, uma ótima oportunidade para dar seguimento a uma longa e feliz associação, e também à nossa amizade, ambas muito caras a mim", anotou.

David, Walther e Bob não voltaram a atuar juntos. Vendida a fazenda, Camargo e Siviero puderam se concentrar nas atividades da CBMM. Camargo presidia a Companhia desde 1974. Siviero era seu diretor financeiro.

Dez anos após a venda da Bodoquena, Siviero resolveu comprar sua própria fazenda. Tinha pegado gosto pela coisa. Já nos anos 1970, cogitara comprar terras na re-

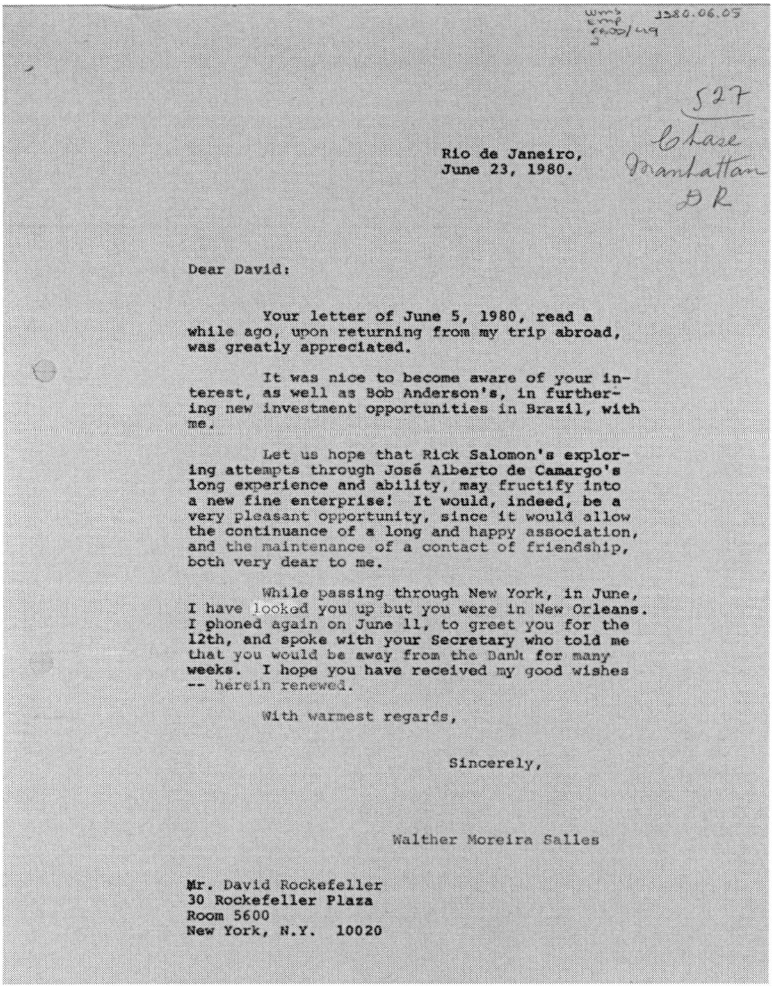

Rio de Janeiro,
June 23, 1980.

Dear David:

Your letter of June 5, 1980, read a while ago, upon returning from my trip abroad, was greatly appreciated.

It was nice to become aware of your interest, as well as Bob Anderson's, in furthering new investment opportunities in Brazil, with me.

Let us hope that Rick Salomon's exploring attempts through José Alberto de Camargo's long experience and ability, may fructify into a new fine enterprise! It would, indeed, be a very pleasant opportunity, since it would allow the continuance of a long and happy association, and the maintenance of a contact of friendship, both very dear to me.

While passing through New York, in June, I have looked you up but you were in New Orleans. I phoned again on June 11, to greet you for the 12th, and spoke with your Secretary who told me that you would be away from the Bank for many weeks. I hope you have received my good wishes -- herein renewed.

With warmest regards,

Sincerely,

Walther Moreira Salles

Mr. David Rockefeller
30 Rockefeller Plaza
Room 5600
New York, N.Y. 10020

Walther responde à gentileza e reforça o sentimento de satisfação com a venda. "Você foi um ótimo amigo, bem como um sócio maravilhoso", afirmou.
Acervo Instituto Moreira Salles

gião de Campo Grande e formar seu rebanho. A venda da Bodoquena, simultânea à intensificação das visitas a Araxá, em Minas Gerais, fizeram com que seu olhar se voltasse para a nova região. Em 1992, adquiriu a Fazenda Santa Helena, em Ibiá (MG). Em seguida, comprou a Fazenda Cachoeira Quebra Anzol, na divisa de Ibiá e Pratinha, totalizando 2 mil hectares de terras.

Por duas décadas, sobretudo após se aposentar da CBMM, Siviero trabalhou com pecuária intensiva, voltada para a engorda de nelore e cruzamentos de gado indiano com gado europeu. Nos anos 2000, após cumprir uma série de protocolos para registro e rastreamento do gado, adequando o rebanho a um sistema de identificação por meio de chips fixados nas orelhas dos animais, Siviero se tornou o segundo produtor da região do Alto Paranaíba a obter autorização do Ministério da Agricultura para exportar gado. A partir de 2010, passou a se dedicar mais à lavoura: soja, milho, trigo, feijão. "A experiência na Bodoquena despertou em mim o desejo de me tornar pecuarista", conta. "E o que aprendi na Bodoquena me ajudou muito posteriormente. Aprendi a lidar com funcionários e prestadores de serviço e também os tratos necessários ao rebanho para tornar o empreendimento rentável. As exigências do Camargo no que se referia a controles, projeções, quantificação, qualidade na apresentação de relatórios e, principalmente, prazos, eu aplico hoje em meus negócios".

Siviero e Camargo, novamente juntos em 2000, recebem a Medalha da Inconfidência, a mais importante do governo de Minas Gerais, em tarde de celebração em Ouro Preto.
Acervo Instituto Moreira Salles

Além de tocar as duas fazendas, Siviero é sócio em um empreendimento imobiliário em Araxá, e numa pedreira, também em Ibiá, desde que obteve o direito de exploração, em 2014. A Pedreira Santa Helena fica à margem da rodovia BR 262. À frente da pedreira, com 28% do capital, Siviero voltou a ouvir o mesmo comentário que era feito com relativa frequência por clientes no entorno da Bodoquena:

— E qual o preço sem nota? Você não vende sem nota? Assim é mais negócio comprar do seu concorrente...

Camargo, por sua vez, não voltou a mexer com gado nem com fazenda. Também não voltou a pisar no Pantanal por muito tempo. Chegou a prometer para si mesmo que nunca mais o faria. A morte do Alexandre havia sido dura demais. Em setembro de 2002, no entanto, Camargo era membro do conselho do Instituto Cidadania, uma organização da sociedade civil que tinha como presidente de honra o então candidato à presidência da República Luiz Inácio Lula da Silva, quando o escritor e frade dominicano Frei Betto, amigo e assessor especial de Lula, lhe telefonou com uma demanda. Era preciso encontrar um lugar confortável – e discreto – onde Lula pudesse descansar por três dias após o primeiro turno, antes de mergulhar nos compromissos da etapa seguinte.

Frei Betto havia pensado na casa de hóspedes da CBMM, em Araxá. Camargo afirmou que a casa estava à disposição do candidato. O assessor contou que havia outra possibilidade: um pesqueiro no Pantanal, oferecido por um conhecido de Lula. E emendou ainda que, possivelmente, o candidato tivesse preferência por uma terceira alternativa: uma praia particular. Em seguida, o frade perguntou a Camargo se ele o acompanharia numa visita ao tal pesqueiro para conferir se havia conforto e segurança.

A poucos dias da eleição, Camargo e Frei Betto desembarcaram na Fazenda Cristo Rei, uma propriedade com 110 mil hectares localizada entre os municípios de Miranda e Corumbá, à beira do Rio Miranda, no Mato Grosso do Sul. Entrando na sede, uma estátua enorme de Jesus. A fazenda pertencia a um empresário muito solícito, que vivia com as mãos no bolso, acariciando um terço. Seu nome era José Carlos Bumlai.

Bastou Camargo desembarcar do avião para reconhecer: aquela era a antiga seção Bodoquena, da fazenda que dirigira por quatorze anos e que fora vendida havia mais de duas décadas. Bumlai comprara do Bradesco e implantara ali um confinamento de nelore. Por um par de horas, Camargo pôde matar saudade daquela terra e lembrar do tempo em que viveu uma história de faroeste, num território onde só pele grossa sobrevive. Lula preferiu se hospedar na CBMM.

Mais uma década e meia se passou até que, em 2017, Camargo fazia compras num supermercado em Londres quando ouviu um grito:

— Take it or leave it!

Olhou em direção ao berro e viu um casal. O senhor se aproximou, deu um abraço em Camargo e o apresentou à esposa:

— Esse cara ajudou a fazer a fortuna dos Moreira Salles.

Era Rubens, o sobrinho negociador, hoje um dos mais importantes empreendedores do Brasil. Ele jamais esquecera a cartada final de Camargo naquela noite de 1980.

Bibliografia

As seguintes obras foram consultadas para a elaboração deste livro:

HOFFMAN, William. Os Bilionários: David ou a saga dos Rockefeller. Rio de Janeiro: Artenova, 1971.

HISTÓRIAS do Unibanco: 1924-1994. São Paulo: Instituto Moreira Salles, 1994.

NASSIF, Luis. Walther Moreira Salles: o banqueiro-embaixador e a construção do Brasil. Barueri (SP): Companhia Editora Nacional, 2019.

ROCKEFELLER, David. Memórias. Rio de Janeiro: Rocco, 2003.

VANNUCHI, Camilo. Memórias de um vendedor de nióbio. São Paulo: edição do autor, 2007.

Alameda nas redes sociais:
Site: www.alamedaeditorial.com.br
Facebook.com/alamedaeditorial/
Twitter.com/editoraalameda
Instagram.com/editora_alameda/

Esta obra foi impressa em São Paulo no verão de 2019. No texto foi utilizada a fonte Electra LH em corpo 10,5 e entrelinha de 15 pontos.